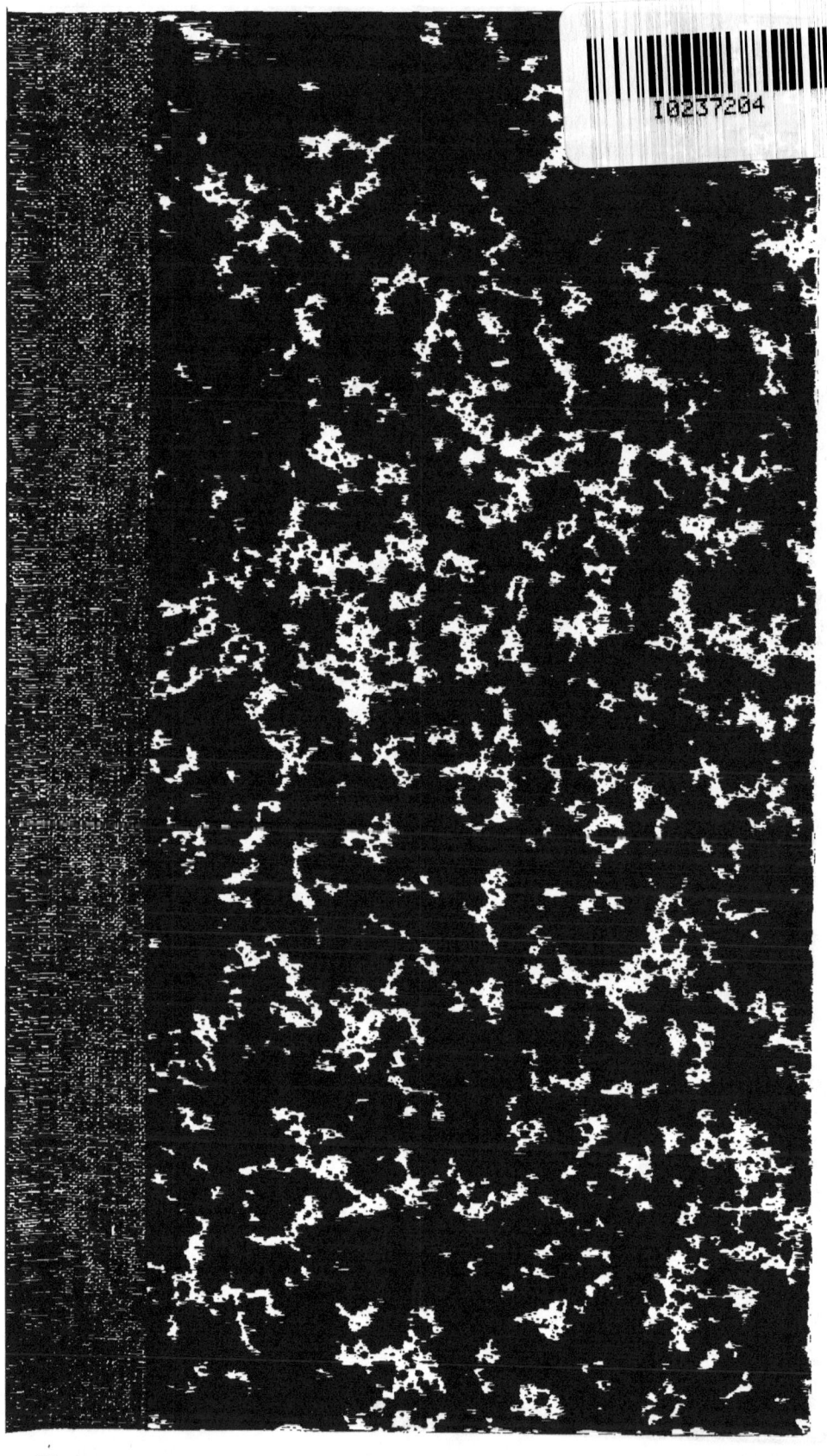

CAMPAGNE DE 1870-71

LE 13ᴱ CORPS

DANS LES ARDENNES & DANS L'AISNE

SES OPÉRATIONS & CELLES DES CORPS ALLEMANDS OPPOSÉS

ÉTUDE

Par le Capitaine breveté **VAIMBOIS**

DE L'ÉTAT-MAJOR DE LA 10ᵉ DIVISION D'INFANTERIE

PARIS
HENRI CHARLES-LAVAUZELLE
Éditeur militaire
11, PLACE SAINT-ANDRÉ-DES-ARTS, 11

(Même maison à Limoges.)

CAMPAGNE DE 1870-71

LE 13ᵉ CORPS

DANS LES ARDENNES ET DANS L'AISNE

CAMPAGNE DE 1870-71

LE 13ᴱ CORPS

DANS LES ARDENNES & DANS L'AISNE

SES OPÉRATIONS & CELLES DES CORPS ALLEMANDS OPPOSÉS

ÉTUDE

Par le Capitaine **VAIMBOIS**

DE L'ÉTAT-MAJOR DE LA 10ᵉ DIVISION D'INFANTERIE

PARIS
Henri CHARLES-LAVAUZELLE
Éditeur militaire
11, Place Saint-André-des-Arts, 11

(Même maison à Limoges.)

PRÉFACE

La retraite d'une partie du 13ᵉ corps, sous les ordres du général Vinoy, dans les premiers jours de septembre 1870, est un des faits marquants de la dernière campagne; il est bien connu.

Ce qui l'est moins, semble-t-il, c'est le rôle que ce corps d'armée était destiné à jouer dans le sillage de l'armée de Châlons, celui qu'il y joua effectivement, et le détail de ses opérations, dans les Ardennes principalement.

Son chef, le général Vinoy, y a consacré un chapitre dans l'ouvrage « *Opérations du 13ᵉ corps au siège de Paris* » écrit immédiatement après la guerre, sous l'impression encore vive des événements.

Quant aux opérations des Allemands contre le 13ᵉ corps, on n'en connaît que ce qu'ils ont bien voulu en dire dans la relation du grand état-major, et tout le monde sait que cette relation forme un tout harmonieux pour la plus grande gloire de l'armée allemande.

Cependant, tel qu'il est présenté, le récit de ces événements est instructif et intéressant. Il montre que nos adversaires ont fait aussi quelquefois des fautes, et que si, en ce qui les concerne, on n'a pas eu assez d'éloges pour la partie stratégique de la campagne, il faut faire des réserves sur un certain nombre d'opérations qui sont du domaine de la tactique.

C'est du rapprochement et de la comparaison de ces deux documents, écrits dans un esprit si différent, qu'est sortie la présente étude, exempte de toute critique, car son auteur n'a eu d'autre but que celui de s'instruire.

Paris, novembre 1896.

V.

Cartes a consulter : France au $\frac{1}{80.000}$ (Mézières, Rethel, Reims Laon).

CAMPAGNE DE 1870-71

LE 13ᵉ CORPS

DANS LES ARDENNES ET DANS L'AISNE

CHAPITRE Iᵉʳ

SOMMAIRE

Organisation du 13ᵉ corps.
Rôle assigné au 13ᵉ corps.
Situation de l'armée de Châlons au moment de la mise en mouvement du 13ᵉ corps.
Du choix de Mézières pour le rôle donné au 13ᵉ corps.

Organisation du 13ᵉ corps.

La formation du 13ᵉ corps avait été décidée dans les premiers jours du mois d'août; son organisation, commencée le 16, était suffisamment avancée dix jours après pour qu'on pût l'envoyer sur le théâtre des opérations.

Il n'y avait d'ailleurs pas de temps à perdre. L'armée de Châlons s'était mise en mouvement le 21 août pour se rapprocher du maréchal Bazaine enfermé dans Metz, et le 13ᵉ corps, formant échelon défensif sur son aile gauche, devait l'appuyer tout en gardant ses communications avec Paris.

Le corps de nouvelle formation, sous les ordres du général Vinoy, comptait trois divisions d'infanterie et une réserve d'artillerie.

Chacune des divisions comprenait deux brigades de deux régiments à trois bataillons, deux batteries de 4, une batterie de mitrailleuses et une compagnie du génie.

Les 1ʳᵉ et 3ᵉ divisions avaient en outre deux compagnies de marche de chasseurs à pied.

La réserve d'artillerie était forte de six batteries : deux de 4 et quatre de 12.

Si l'artillerie se trouvait dans d'assez bonnes conditions pour affronter la lutte, il n'en était pas de même de l'infanterie qui laissait beaucoup à désirer; à l'exception de la brigade du général Guilhem (35ᵉ et 42ᵉ de ligne) qui provenait du corps d'occupation de Rome, et qui appartenait à la 3ᵉ division, tous les régiments étaient des régiments de marche formés avec des quatrièmes bataillons. Leurs cadres étaient incomplets, et leur préparation à la guerre presque nulle, puisque la plupart des hommes qui entraient dans leur composition n'avaient jamais tiré à la cible avec le fusil Chassepot dont ils connaissaient à peine le maniement.

La 1ʳᵉ division était commandée par le général d'Exéa, la 2ᵉ par le général de Maud'huy, la 3ᵉ par le général Blanchard.

Le 13ᵉ corps devait avoir en outre une division de cavalerie, mais celle-ci fut envoyée au camp de Châlons dès le 21 août; la nouvelle division qui s'organisa à Paris pour la remplacer n'étant pas prête au moment où le corps d'armée fut mis en mouvement, ne le rejoignit jamais dans le cours des opérations; elle fit partie de l'armée de la Loire.

On dut se contenter d'affecter au 13ᵉ corps le 6ᵉ régiment de dragons et le 6ᵉ régiment de hussards.

Rôle assigné au 13ᵉ corps.

Le 25 août, la 1ʳᵉ division, général d'Exéa, reçut l'ordre de partir pour Reims, où elle fut transportée par chemin de fer; son mouvement était terminé le 26, jour où l'armée du Maréchal franchissait l'Aisne de Rethel à Vouziers.

« Elle devait servir à protéger autant que possible les communications du Maréchal avec Paris en maintenant à une distance raisonnable les coureurs de la cavalerie ennemie (1) » A peine arrivé à Reims, le général d'Exéa demanda instamment de la cavalerie pour s'éclairer en avant de cette ville, et le 6ᵉ régiment de dragons lui fut envoyé.

Le 27, il détachait à Rethel un bataillon qui resta dans cette ville jusqu'au 31 août. C'était, d'après le général Vinoy, une disposition défensive en avant de la division.

On est plutôt tenté de croire que le général d'Exéa voulait, de cette façon, se mettre en relations avec l'armée et en protéger les communications avant

---

(1) *Opérations du 13ᵉ corps*, par le général Vinoy.

l'arrivée des deux autres divisions sur le théâtre des opérations.

Rethel est en effet à trente-six kilomètres de Reims. Ce bataillon ne pouvait être d'aucun secours pour la division si elle eût été menacée, car son action devait forcément se borner à tenir à distance les coureurs ennemis dans un rayon très restreint. Encore ne devait-elle durer que peu de temps, puisque ce détachement allait se trouver en l'air par suite du mouvement de l'armée vers Stenay.

La voie ferrée et les communications télégraphiques pouvaient à tout instant être coupées entre Rethel et Reims et le bataillon enlevé sans pouvoir être secouru; et, en effet, il dut rétrograder précipitamment dans la nuit du 31 août au 1er septembre.

Ce détachement, lancé en enfant perdu dans une région essentiellement favorable aux incursions de la cavalerie ennemie, était donc à la fois inutile pour la protection de la division et impuissant à assurer les communications de l'armée; sa présence à Rethel pendant quatre jours ne paraît pas justifiée.

Une connaissance plus exacte de la situation aurait sans doute indiqué au commandement que la division tout entière devait occuper cette ville à partir du 28 pour remplir efficacement le rôle dont elle était chargée; mais on voulait avant tout protéger Reims que l'on croyait menacée, et ne pas abandonner à l'ennemi la route directe de Paris.

Dans le plan primitivement adopté par le Ministre de la guerre, le soin d'assurer la liberté des communications entre Reims et Rethel devait revenir aux deux autres divisions du 13ᵉ corps, et c'est là ce qui justifie le maintien à Reims de la 1ʳᵉ division.

Le 28 août, en effet, les 2ᵉ et 3ᵉ divisions reçurent l'ordre d'aller prendre position sur les bords de l'Aisne entre Berry-au-Bac, Vassogne et Craonne. Si la situation l'indiquait, le 13ᵉ corps tout entier devait se concentrer à Craonne, la 1ʳᵉ division ne laissant à Reims qu'un régiment pendant que la cavalerie explorerait le terrain entre Rethel et cette ville.

« L'objet de votre mission, disaient les instructions du Ministre au général Vinoy, n'est pas de livrer un combat, mais d'inquiéter par votre présence le flanc de l'armée du prince royal de Prusse dans sa marche sur le nord-ouest. Vous aurez soin de faire maintenir la communication du chemin de fer entre Reims et Rethel et de faire rétablir les rails qui pourraient être enlevés. Dans le cas où l'ennemi se dirigerait de votre côté, vous ferez sauter le pont de Suippes afin de retarder sa marche, et vous vous retirerez sur Laon ou sur Soissons suivant les circonstances de guerre qui viendraient à se produire.

» Si le Maréchal vous appelle à lui, vous vous rendrez à ses ordres en me prévenant immédiatement. »

Ces instructions, qui portent la date du 28, ne devaient pas être exécutées, car, le soir de ce même jour, les 2ᵉ et 3ᵉ divisions du 13ᵉ corps recevaient une autre destination, et la 1ʳᵉ division restait à Reims.

Mais elles n'en sont pas moins importantes parce que le général Vinoy, qui n'en reçut pas d'autres à ce moment, s'inspira de leur esprit dans la conduite des opérations autour de Mézières ; il en suivit scrupuleusement en effet les deux prescriptions essentielles : ne pas livrer de combat — ne rejoindre le Maréchal que s'il était appelé par lui.

Le 29, le 13ᵉ corps, moins la 1ʳᵉ division, était dirigé sur Mézières par les voies ferrées, emportant, dit le général Vinoy, les mêmes instructions et chargé du même rôle. En outre, il devait, en cas de retraite de l'armée de Châlons, surveiller et protéger la ligne qu'elle suivait et assurer ses communications.

Situation de l'armée de Châlons au moment de la mise en mouvement du 13ᵉ corps.

Avant d'aller plus loin, il est nécessaire de jeter un coup d'œil sur la situation de l'armée du Maréchal pour comprendre les raisons probables qui ont fait assigner Mézières comme point de concentration à la plus grande partie du 13ᵉ corps.

Le 26, l'armée française, dont le quartier général était à Tourteron avec le 12ᵉ corps, faisait face à l'est ; sa droite était à Vouziers et à l'est de cette ville, occupant les défilés de Grand-Pré et de la Croix-aux-Bois.

Les trois régiments de cavalerie de ce corps l'éclairaient, le 7ᵉ lanciers dans la direction de Sainte-Menehould, le 4ᵉ hussards vers Grand-Pré, et le 4ᵉ lanciers au delà de la Croix-aux-Bois sur la route de Buzancy ; de plus, une brigade d'infanterie, la brigade Bordas, était dirigée à la suite de ces deux derniers régiments pour les soutenir.

Le centre de l'armée, 1ᵉʳ corps, était à Semuy et à Voncq, sur la rive droite de l'Aisne.

En première ligne se trouvait le 5ᵉ corps qui occupait le Chêne-Populeux et qui avait en avant de lui, vers Osches, la division de cavalerie du général Marguerilte; la division de cavalerie du général de Bonnemains était à Attigny, derrière le 1er corps.

Ce même jour, la cavalerie de la IVe armée allemande (division saxonne, 5e et 6e divisions) dont le quartier général devait se porter de Fleury à Clermont-en-Argonne, explorait précisément les deux versants de l'Argonne dans les directions de Buzancy et de Vouziers.

Le contact fut ainsi pris entre la cavalerie du 7e corps, la brigade Bordas, et la cavalerie de l'armée du prince de Saxe, pendant que la IIIe armée allait prendre vers le nord la direction de Sainte-Menehould.

Le 26 au soir, le maréchal de Mac-Mahon ayant reçu du général commandant le 7e corps un rapport qui lui représentait comme imminente l'attaque des Allemands, prenait aussitôt le parti de soutenir ce corps d'armée, et faisait porter le 27, dès le matin, le 1er corps sur Vouziers pour soutenir le 7e, le 5e du Chesne à Buzancy, et le 12e de Tourteron à Châtillon-sur-Bar par le Chesne.

On allait ainsi faire face au sud, prêt à accepter la bataille.

Malgré un petit engagement à Buzancy avec la cavalerie saxonne, l'ennemi ne s'était montré nulle part en forces, surtout sur le front du 7e corps.

Le Maréchal, apprenant en outre que les Allemands n'avaient pas occupé Grand-Pré, arrêta ses troupes en marche pour soutenir ce corps, et leur fit rebrousser chemin vers le nord-ouest de telle sorte que le soir du 27 les corps occupaient à peu près les mêmes positions que la veille : le 7ᵉ restait à Vouziers, le 1ᵉʳ revenait à Voncq et la division Bonnemains à Attigny; le 5ᵉ se repliait de Buzancy à Châtillon; la division Margueritte était dans la direction de Beaumont.

En réalité, l'armée française n'était pas en péril le 27 au soir, car le gros des forces allemandes en était encore à deux bonnes journées de marche; mais il fallait prendre au plus vite un parti. En continuant sa marche vers la Meuse, ou en restant sur place, elle risquait d'être attaquée de front et de flanc par des forces supérieures et acculée à la frontière belge.

Déjà il était de toute évidence que le maréchal de Mac-Mahon ne voulait pas franchir la Meuse pour faire sa jonction avec l'armée du maréchal Bazaine dont il était sans nouvelles depuis son départ de Reims, et qu'il pouvait supposer ne pas être sortie de Metz : les opérations de la journée du 27 en sont la preuve frappante.

Le groupement de l'armée face au sud n'a pas eu d'autre but que de dégager le 7ᵉ corps qui paraissait menacé; mais quand le général en chef se rendit compte que le danger n'était pas imminent, au lieu de chercher à gagner les ponts de la Meuse quand les routes en étaient encore libres, il se retira dans une position d'attente; il se préparait à battre en retraite.

Et, en effet, dans la nuit du 27 au 28, l'armée française se mettait en retraite dans la direction de Mézières; les ordres donnés dirigeaient le 5ᵉ corps sur Poix et le 12ᵉ sur Vendresse en première ligne ; le 1ᵉʳ à Mazerny et le 7ᵉ à Chagny (nord de Grand-Pré) en deuxième ligne.

Le 27, à huit heures du soir, le Maréchal avait envoyé le télégramme suivant au Ministre : « Les Iʳᵉ et IIᵉ armées, plus de 200.000 hommes, bloquent Metz. Une force évaluée à 50.000 hommes serait établie sur la rive droite de la Meuse pour gêner ma marche sur Metz. Des renseignements annoncent que l'armée du Prince royal de Prusse se dirige aujourd'hui sur les Ardennes avec 50.000 hommes. Je suis au Chesne avec un peu plus de 100.000 hommes. Je n'ai aucune nouvelle de Bazaine ; si je me porte à sa rencontre, je serai attaqué de front par une partie des Iʳᵉ et IIᵉ armées qui, à la faveur des bois, peuvent dérober une force supérieure à la mienne, en même temps attaqué par l'armée du Prince royal de Prusse me coupant toute ligne de retraite. Je me rapproche demain de Mézières, d'où je continuerai ma retraite, selon les événements, vers l'ouest. »

La détermination du Maréchal était un coup de foudre pour le Gouvernement ; aussi le Ministre lui répondait-il immédiatement : « Si vous abandonnez Bazaine, la révolution est dans Paris, et vous serez attaqué vous-même par toutes les forces de l'ennemi. Ce n'est pas le Prince royal de Prusse qui est à Châlons, mais un des princes, frère du roi, avec une avant-garde et des forces de cavalerie. » Puis il assurait qu'on se trompait, qu'on avait trente-six, peut-être quarante-huit heures d'avance sur le Prince royal. « Vous n'avez devant vous, ajoutait-il, qu'une partie des forces qui bloquent Metz et qui, vous voyant vous retirer de Châlons à Reims, s'étaient étendues vers l'Argonne. »

Ainsi, à Paris, on ne voyait rien, on ne voulait rien voir en dehors du plan arrêté, et on se livrait à des fantaisies pour triompher des scrupules du Maréchal qui n'avait cessé de voir clair dans la situation, mais n'avait pas assez de volonté pour prendre la responsabilité de ses actes.

Le 28 au matin, comme s'il eût craint de ne pas encore en avoir assez dit dans sa dépêche de la nuit, le général de Palikao télégraphiait de nouveau à Mac-Mahon la véritable sommation suivante : « Au nom du Conseil des ministres et du Conseil privé, je vous demande de porter secours à Bazaine en profitant des trente heures d'avance que vous avez sur le prince royal de Prusse. Je fais porter le corps de Vinoy sur Reims. »

En conséquence, le Maréchal, dans la matinée du 28, reprenait la direction de Montmédy après une marche en retraite exécutée pendant une partie de la nuit, et le soir, les corps occupaient les positions suivantes à quelques kilomètres de celles de la veille : le 5ᵉ corps à Belval, au nord de Buzancy, et le 12ᵉ à la Besace, au nord du 5ᵉ, formant la première ligne ; en deuxième ligne, le 7ᵉ à Boult-aux-Bois et le 1ᵉʳ au Chêne-Populeux. Ce fut lamentable.

Du choix de Mézières pour le rôle donné au 13ᵉ corps.

C'est évidemment sous l'influence de ces événements que le Ministre de la guerre avait changé la destination du 13ᵉ corps et lui avait, dans la soirée du

28, assigné Mézières comme point de débarquement, contrairement à sa dépêche du matin au Maréchal.

Sans doute, l'armée française avait repris dès le 28 au matin sa marche vers l'est, mais on pouvait craindre que Mac-Mahon ne se trouvât les jours suivants dans la nécessité absolue de mettre à exécution son projet de retraite sur Mézières.

Le 27, le danger que, suivant le Ministre, il y avait pour l'armée française à se retirer sur cette ville, était illusoire, car elle n'avait même pas besoin d'obliquer vers le nord pour échapper à l'ennemi; en descendant l'Aisne, elle aurait pu gagner l'Oise sans encombre, et ce mouvement était encore possible le 28; mais du moment qu'elle reprenait sa marche dans la direction de Stenay et de Mouzon, elle n'avait plus d'autre ligne de retraite que Mézières si elle était acculée à la nécessité de rétrograder.

Aussi, en envoyant le général Vinoy dans cette ville, lui avait-on donné comme mission, en cas de retraite du Maréchal, de surveiller, de protéger la ligne qu'il suivrait et d'assurer ses communications.

Mézières était-elle heureusement choisie pour le rôle qu'avait à remplir le 13e corps ? Il est permis d'en douter.

Dans son mouvement en avant, l'armée française avait cette ville au nord-ouest de sa direction de marche, c'est-à-dire sur le flanc qui n'avait rien à craindre. De là, le 13e corps ne pouvait donc ni garder les communications du Maréchal orientées ouest et sud-ouest, ni inquiéter le flanc gauche de la IIIe armée allemande qui marchait de Vassy sur Sainte-Menehould. Or, dit le général Vinoy, c'étaient bien là les instructions qu'il emportait de Paris, instructions déjà contenues dans l'ordre qu'il avait reçu le 28.

Si cette armée devait battre en retraite sur Mézières, on ne voit pas bien non plus quel secours il pouvait lui apporter par sa présence dans cette région. La ligne de retraite n'était pas à surveiller et à protéger, puisque, étant hors des atteintes de l'ennemi, elle ne courait aucun danger; d'ailleurs, elle aboutissait à une place forte et était protégée au nord-est par une autre place, Sedan, qui est distante de Mézières de 22 kilomètres seulement.

Il est fort probable que dans le cas d'une retraite de l'armée sur les Ardennes dans les derniers jours du mois d'août, le 13e corps, qui se serait trouvé derrière elle, aurait été entraîné dans le mouvement de recul sans pouvoir jouer un rôle efficace.

Mézières n'était donc pas le point à choisir, que l'armée de Châlons dût continuer son mouvement vers l'est, ou qu'elle dût battre en retraite sur cette place.

Il semble au contraire que si le 13e corps transporté à Rethel avait opéré sur la rive gauche de l'Aisne entre cette ville et Vouziers, il eût été en mesure d'accomplir la double mission dont il était chargé. Dans la marche en avant, il gardait bien la ligne de communications de l'armée de Châlons, et il était en situation de gêner le développement de la IIIe armée vers les plaines de la Champagne.

Dans l'éventualité d'une retraite sur les Ardennes, il devait s'opposer, en repassant sur la rive droite de l'Aisne, au rabattement que les Allemands n'auraient pas manqué de faire par leur aile gauche pour acculer le Maréchal à la frontière belge, ainsi qu'ils le firent quelques jours plus tard devant Sedan.

Ainsi, tout indiquait Rethel plutôt que Mézières comme point de départ des opérations du 13e corps. Et cependant, par suite des événements qui allaient se précipiter d'une manière imprévue, une partie des troupes du général Vinoy allait se trouver à même de prendre part à la lutte qui devait décider du sort de la campagne.

CHAPITRE II

SOMMAIRE

Mézières dans les derniers jours du mois d'août.
Mouvement du 13ᵉ corps de Paris sur Mézières.
Situation de l'armée de Châlons le 29 et le 30 août.

Mézières dans les derniers jours du mois d'août.

Le groupe des deux villes Mézières, Charleville est à 22 kilomètres au nord-ouest de Sedan. La Meuse, qui depuis Sedan coule dans la direction de l'ouest, se redresse vers le nord-ouest à partir de Flize (8 kilomètres de Mézières), décrit deux boucles, la première à l'ouest autour de Mézières, la deuxième au nord-ouest autour de Charleville, et de là se dirige franchement vers le nord par la faille qu'elle s'est creusée dans le haut plateau de la forêt des Ardennes.

Mézières, chef-lieu du département des Ardennes, avec 4.500 habitants à peine, est bâtie dans la partie la plus resserrée de la première boucle formée par la rivière, au bas d'un plateau (cote 222 sur la carte d'état-major) appelé Berteaucourt dans le pays, qui la domine immédiatement à l'est de plus de 80 mètres. C'est au pied même de ce plateau, dans la partie est de la ville, que se trouve la citadelle, seul établissement militaire qui existe encore de la fortification de Mézières, et qui sert de casernement et de magasins.

La citadelle était prolongée par un ouvrage avancé

qui commandait le plateau, et permettait d'avoir des vues dans la direction de l'est.

Mézières avait trois faubourgs : le faubourg de Pierre au sud sur la rive gauche, vers le village de Mohon où se trouve la bifurcation du chemin de fer Mézières-Reims et Mézières-Sedan ; au nord, vers Charleville, sur la rive gauche, le faubourg d'Arches ; ces deux faubourgs étaient complètement englobés par la fortification. Le troisième, celui de Saint-Julien, à l'est dans la boucle, ne l'était qu'en partie.

Entre la première boucle de la Meuse et la deuxième se trouve Charleville, simple chef-lieu de canton avec 18.000 habitants, ville ouverte. La gare qui dessert les deux villes se trouve à Charleville.

L'intérieur de la deuxième boucle est occupé par un mamelon, le mont Olympe, sur lequel les Romains établirent autrefois un camp, et qui, du temps où Charleville était fortifiée, constituait le réduit de la place. Ce mamelon est dans le prolongement de la partie nord du plateau de Berteaucourt, mais séparé de lui par une profonde dépression. En utilisant ces deux mouvements de terrain, d'un relief considérable, on interdit l'accès ou le débouché du couloir de la Meuse.

Mézières, place d'ordre inférieur que Vauban avait mise autrefois à hauteur des exigences de la guerre de siège, n'était capable, en 1870, d'aucune résistance sérieuse contre la nouvelle artillerie, car, excepté la direction de l'ouest, elle était dominée de toutes parts à courte distance.

Deux routes la reliaient à Sedan : la route impériale

sur la rive gauche de la Meuse par Mohon, Villers-devant-Mézières, les Ayvelles, le hameau d'Elaire, Flize, Dom-le-Mesnil et Donchery suit le pied des hauteurs à partir de Villers, et côtoie la rivière d'Elaire à la presqu'île d'Iges, ouest de Sedan. De Villers, point dominant de la route d'où l'on voit la plus grande partie de la vallée, cette route descend vers Mohon.

La deuxième route, dite dans le pays vieille route de Sedan, est un chemin de grande communication par la rive droite. Beaucoup plus accidenté que la grande route, il part de la place de la citadelle, et côtoie la rivière au pied des hauteurs par le Theux et Romery.

Au delà de cette dernière localité, il s'éloigne de la Meuse en gravissant les pentes, passe par Vivier-au-Court, Vrigne-au-Bois, et la rejoint à deux kilomètres de ce village, à l'extrémité nord de la presqu'île d'Iges. Les hauteurs boisées de la rive droite forment avec la rivière à cet endroit le défilé de la Falizette, long de 1.500 mètres environ, au delà duquel le chemin se dirige sur Sedan par Floing.

Ce défilé est de la plus grande importance pour une troupe qui marcherait de Sedan sur Mézières par la rive droite; le 1er septembre 1870, il a été vraiment la clef du champ de bataille de Sedan.

Ce chemin est ainsi à l'abri des vues de la rive gauche pendant la plus grande partie de son parcours, celle qui précisément devait être la plus dangereuse pour la retraite possible de l'armée du Maréchal de Sedan sur Mézières. L'occupation de la grande croupe qui, au sud de Vivier-au-Court, s'étend de Vrigne-Meuse au signal de Lumes (par les cotes 249, signal de l'Epine, 253, 224, ferme de l'Espérance et 250 signal à l'est de Lumes) en assurait la sécurité absolue.

A partir de Tumécourt, on pouvait d'ailleurs gagner Mézières, sans longer la rivière, par Ville-sur-Lumes, Saint-Laurent, ou mieux encore par Issancourt, Gernelle, Saint-Laurent et le hameau de Vivier-Guyon d'où il était possible, soit de déboucher sur le plateau de Berteaucourt, soit de gagner Charleville en contournant ce plateau par le nord. De la rive gauche de la Meuse on ne pouvait apercevoir ce mouvement.

De Mohon, la voie ferrée passe en remblai au travers d'une prairie sur la rive gauche, franchit la rivière sur un pont de fer à Lumes, suit la rive droite en passant par Nouvion, Vrigne-Meuse et Donchery, et repasse sur la rive gauche en pénétrant à la base de la presqu'île d'Iges.

En dehors de ces ponts du chemin de fer, il y avait un pont suspendu sur le chemin qui va de Lumes à Villers, près du pont du chemin de fer un autre pont à Nouvion-sur-Meuse, reliant ce village à la route impériale à un kilomètre est de Flize, puis le pont de pierre de Donchery.

Entre Sedan et Mézières, la Meuse n'est pas guéable; elle est large de 70 mètres environ et profonde de plusieurs mètres; c'est donc un obstacle sérieux, et les ponts y ont une importance capitale. La vallée est large, bien ouverte, et les vues s'étendent en tous les points à plusieurs kilomètres.

Au sud-ouest de Mézières, la Vence, qui se jette dans la Meuse à Mohon, ouvre la direction de Rethel.

La voie ferrée de Charleville à Reims et la nouvelle route de Mézières à Rethel suivent cette vallée par Boulzicourt, Guignicourt, Yvernaumont et Poix.

La vieille route de Rethel, également de Mézières à cette ville, passe sur les hauteurs de la rive gauche de la Vence, à une distance moyenne de 4 à 5 kilomètres de cette rivière; les deux routes, vieille et nouvelle, n'en font plus qu'une à partir de Launois où passe également la voie ferrée.

Au nord-ouest de Mézières, le terrain très ouvert est parcouru par la Sormonne qui se jette dans la Meuse à l'extrémité de la première boucle; la route et le chemin de fer de Charleville à Hirson suivent la rive gauche de cette rivière au bas des longues pentes découvertes que projette au sud l'immense plateau de la forêt des Ardennes.

Ce plateau, très accidenté et couvert de forêts, occupe le nord de la région des Ardennes; c'est un pays sauvage et difficile. La voie ferrée de Charleville à Givet suit constamment la Meuse qui s'y ouvre un passage; elle est doublée par un chemin de grande communication qui, faute de place dans la vallée, passe à flanc de coteau sur la plus grande partie de son parcours.

A la fin du mois d'août, la subdivision de Mézières était commandée par le général Mazel, du cadre de réserve qui, au début de la guerre, habitait les environs de Sedan.

La place de Mézières, sous les ordres du commandant Canelle de la Loble, comptait une faible garnison composée d'éléments différents, n'offrant pas beaucoup de garanties de résistance ; c'était en premier lieu le dépôt du 6e de ligne, régiment qui y tenait garnison au moment de la déclaration de guerre ; puis un corps de garde nationale sédentaire formé à Mézières et comprenant trois compagnies de marche, la compagnie des sapeurs-pompiers et une batterie ; la garde nationale sédentaire de Charleville, d'un effectif total de 800 hommes avec 8 compagnies, et enfin le 2e bataillon des francs-tireurs Mocquart, venu de Paris.

Mouvement du 13e corps de Paris sur Mézières.

Les premiers éléments du 13e corps ne furent prêts à partir que le 29 dans la soirée.

On ne pouvait songer à passer par Reims malgré la présence à Rethel du bataillon de la division d'Exéa, car déjà à cette date la voie était menacée au nord de cette ville par des coureurs ennemis lancés au loin sur le flanc de la IIIe armée.

Le 29, en effet, elle fut coupée par des uhlans entre Amagne et Monclin, puis entre Launois et Poix : la place de Mézières avertie envoya le commandant Mocquart avec un détachement qui surprit l'ennemi à Poix et rétablit la voie

Il fallut prendre un itinéraire plus long ; on le traça par Laon, Vervins et Hirson. La ligne était toute récente entre ces deux dernières villes et n'avait pas encore été ouverte ; elle servit pour la première fois au transport des troupes. Cet itinéraire était plus long de 20 kilomètres que le premier, mais il était sûr. Les événements des 31 août et 1ᵉʳ septembre montrèrent, d'ailleurs, qu'il n'eût pas été possible de passer par Rethel.

Les transports eurent lieu dans l'ordre suivant :
3ᵉ division, général Blanchard, encadrant entre ses deux brigades le quartier général ;
6ᵉ régiment de hussards ;
Artillerie des 3ᵉ et 2ᵉ divisions et artillerie de réserve, soit 12 batteries ;
Services administratifs ;
Infanterie de la 2ᵉ division, général de Maud'huy ;
Parc d'artillerie de réserve.

Cet ordre de départ avait été réglé par le Ministre lui-même, et, à la demande du général Vinoy, la brigade Guilhem, 2ᵉ de la 3ᵉ division comprenant deux régiments solides et pleins d'entrain, formait l'avant-garde à la place de la brigade Susbielle, 1ʳᵉ de la division, constituée, elle, avec les 13ᵉ et 14ᵉ régiments de marche et deux compagnies de marche de chasseurs à pied.

La brigade Guilhem partit de Paris le 29 à 10 heures du soir, les trains se succédant d'heure en heure.

On a dit, et le général Vinoy lui-même a écrit « que Mézières était trop près de l'ennemi pour que le 13ᵉ corps pût y opérer sa concentration dans de bonnes conditions, car l'ennemi pouvait l'y devancer avec des forces supérieures ».

Il y a lieu de remarquer qu'au moment où l'envoi de ce corps dans cette place a été décidé, et même au moment où le transport en a commencé, personne ne pouvait prévoir les lamentables événements des 29 et 30 qui devaient rejeter l'armée du Maréchal à Sedan, et la faire acculer à la frontière belge.

Le Ministre croyant à la possibilité du mouvement de cette armée vers l'est, malgré le Maréchal lui-même, avait porté son choix sur Mézières, parce que sans doute le Maréchal battrait en retraite sur cette ville s'il y était obligé. Mais cette retraite n'était pas imminente, loin de là, puisqu'à Paris on croyait à l'armée française deux jours d'avance sur le Prince royal.

Le 13e corps avait donc tout le temps d'être rassemblé, prêt à agir suivant les circonstances.

En outre, Mézières était une place forte que ne pouvaient inquiéter quelques coureurs ennemis, et l'itinéraire par Hirson mettait cette concentration à l'abri d'un coup de main des Allemands.

D'ailleurs, puisque le théâtre d'opérations assigné au général Vinoy n'était plus la vallée de l'Aisne et le terrain au sud, quel point autre que Mézières pouvait mieux convenir pour y rassembler des forces qu'il importait, dans ces circonstances critiques, d'avoir le plus près possible de l'armée de Châlons ?

On a aussi reproché au Ministre d'avoir lancé toute l'artillerie derrière une brigade d'infanterie. A première vue, ce reproche paraît assez fondé, en particulier en ce qui concerne l'artillerie de la division de Maud'huy qu'il importait de ne pas séparer de son infanterie ; à cette époque on n'était pas enclin comme aujourd'hui à placer l'artillerie en tête des colonnes.

Les événements lui ont-ils donné tort ? Nous ne le pensons pas.

Le 1er septembre, en effet, le général Vinoy était dans une situation telle qu'il pouvait jouer un rôle important dans la bataille de Sedan ; il n'avait à ce moment que la division Blanchard dont l'artillerie ne comprenait que deux batteries de 4 et une batterie de mitrailleuses. Qu'aurait-il fait avec cette artillerie en face de l'artillerie allemande ? Seules les batteries de 12 de la réserve étaient capables de soutenir la lutte.

De plus, l'organisation de l'artillerie dans le 13e corps était plus avancée que celle de l'infanterie, la brigade Guilhem exceptée, et cette arme était la plus solide parmi ces troupes formées à la hâte.

Si à cela on ajoute que le point de débarquement était une place forte dans laquelle l'artillerie pouvait être mise en sécurité en attendant l'arrivée des autres éléments, on est tenté de trouver rationnelle l'idée de porter le plus tôt possible cette artillerie sur le théâtre de la lutte en la faisant appuyer par une brigade sur laquelle on pouvait compter.

Malheureusement, le transport du 13e corps ne fut pas exécuté avec toute la rapidité qui s'imposait en pareille circonstance. A quelque point de vue que l'on envisage la question, il y avait une extrême urgence à le concentrer à Mézières le plus vite possible, et cependant ce mouvement, décidé le 28 au soir, ne commença que vingt-quatre heures plus tard, bien que les troupes fussent prêtes à partir le 28 dans la journée.

Dans le premier plan adopté par le Ministre, elles devaient, en effet, être embarquées ce jour-là pour prendre position sur l'Aisne.

Le quartier général, parti de Paris le 30 au matin, n'arrivait en gare de Charleville qu'au milieu de la nuit, mettant six heures à franchir les 56 kilomètres qui séparent cette ville d'Hirson.

Situation de l'armée de Châlons le 29 et le 30 août.

Pendant que commençait le transport du 13e corps, la situation de l'armée française s'aggravait singulièrement à la suite de la reprise de la marche sur Montmédy dès le matin du 28. A ce moment déjà une partie des forces allemandes n'en était plus qu'à une bonne journée de marche; leur droite occupait Dun et Stenay, et leur gauche se trouvait en avant de Sainte-Menehould, sur la route de Vouziers.

Le Maréchal, ayant appris dans la soirée du 28 par les rapports du général Margueritte que Stenay était occupée, prenait la résolution d'atteindre et de passer la Meuse au nord de cette ville.

A cet effet, les dispositions suivantes étaient ordonnées pour la marche du 29 : le 12e corps se dirigerait de la Besace sur Mouzon où il passerait la rivière; derrière lui le 7e corps se porterait de Boult-aux-Bois à la Besace où il coucherait. Au nord de cette direction, le 1er corps devait aller du Chesne à Raucourt, et au sud le 5e de Belval à Beaumont : on ne faisait faire à ce dernier que 10 kilomètres environ, et cependant il était le plus menacé puisqu'il était à l'extrême droite de l'armée.

Le Maréchal ne se hâtait pas de franchir l'obstacle qui devait être la cause du désastre dès lors imminent; la fatalité, jointe au manque d'initiative et d'énergie dans le commandement, allait encore aggraver la situation.

Les 12e et 1er corps purent exécuter les ordres donnés, mais il n'en fut pas de même des 7e et 5e qui se trouvèrent dans la situation la plus périlleuse.

Le 7e corps s'en laissa imposer par la cavalerie ennemie qui réussit à retarder sa marche, de sorte qu'au lieu de passer la nuit à la Besace, il dut s'arrêter à Osches, à 8 kilomètres plus au sud, à la lisière sud de la forêt du Dieulet.

L'ordre donné au 5e corps de se porter de Belval sur Beaumont ne lui était pas parvenu; le capitaine de Grouchy (singulière coïncidence à 55 ans d'intervalle), qui portait cet ordre, avait été enlevé par la cavalerie ennemie, de sorte que le général de Failly continua le 29 au matin son mouvement sur Stenay en deux colonnes, par Beaufort et Beauclair.

Il ne tarda pas à se trouver en contact avec la cavalerie de la IVe armée, et il dut s'arrêter au nord de Nouart pour repousser l'attaque d'une partie du XIIe corps (saxon) qui formait l'extrême droite des forces allemandes.

Là encore l'ennemi obtint le résultat qu'il cherchait : il ne s'engagea pas à fond, mais il retarda tellement la marche du 5e corps que celui-ci, ayant reçu pendant la journée de nouveaux ordres du Maréchal, dut employer une partie de la nuit à gagner Beaumont à travers la forêt du Dieulet; son arrière-garde n'y arriva qu'à cinq heures du matin. Les troupes étaient exténuées.

Ainsi donc le Maréchal n'acceptait plus la bataille comme il avait semblé vouloir le faire le 27 en concentrant son armée face au sud pour soutenir le 7ᵉ corps autour de Vouziers; il la fuyait.

Du moment qu'il abandonnait Stenay à l'ennemi, c'est-à-dire la route directe de Montmédy, il ne fallait plus songer à la marche vers l'est, mais se résoudre à passer en Belgique, ou à accepter la bataille dans une position quelconque avec la frontière à dos, car la retraite sur Mézières par la rive gauche de la Meuse n'était plus guère possible qu'à force d'habileté et d'énergie, et, jusque là, le commandement n'avait pas encore donné beaucoup de preuves de ces deux qualités maîtresses.

N'accordant pas assez d'importance au combat de Nouart qui aurait dû l'éclairer, le Maréchal, qui pensait n'avoir affaire qu'à des détachements dont le but était de retarder sa marche, prit ses dispositions pour transporter sur la rive droite, dans la journée du 30, les trois corps qui avaient passé la nuit sur la rive gauche. — Au nord, le 1ᵉʳ corps dut franchir la Meuse à Rémilly, le 7ᵉ à Villers-devant-Mouzon, le 5ᵉ à Mouzon même.

Les deux premiers, qui s'étaient reposés la nuit, commencèrent leur mouvement dès la pointe du jour; le général de Failly, au contraire, laissa ses troupes à Beaumont pendant la matinée pour leur permettre de se remettre un peu des fatigues de la nuit; c'était naturel. Mais ce qui est inconcevable, surtout après le combat de la veille, c'est qu'il ne prit aucune disposition pour se renseigner sur l'ennemi et pour assurer la sécurité de son corps d'armée.

A midi, les Allemands, qui avaient trois corps en ligne, prononçaient leur attaque par surprise : ce fut la bataille de Beaumont dans laquelle le 5e corps fut rejeté en désordre sur le pont de Mouzon.

Pendant ce temps, le 7e corps, qui entendait sur sa droite le canon de Beaumont, fuyait le champ de bataille en gagnant Rémilly par Raucourt, modifiant ainsi son itinéraire, car il avait l'ordre de passer coûte que coûte la Meuse dans la journée. Sa première division, déjà engagée sur la route de Mouzon, empêcha cependant l'ennemi de tourner la droite du 5e corps; le soir la plus grande partie de ses forces atteignait Rémilly où elles passaient la Meuse; le 1er corps l'avait franchie en ce point dans la journée.

Telle était la situation le 30 au soir, au moment où le quartier général du 13e corps était en route pour Mézières.

L'armée était sur la rive droite de la Meuse, mais dans l'impossibilité de gagner Montmédy, son objectif; elle était rejetée à plus de 20 kilomètres au nord de la route directe qui y conduit de Vouziers par Stenay, et, pour l'atteindre, il ne lui restait plus que la vallée de la Chiers, qui, de Mouzon, l'obligeait à décrire un arc de cercle dont l'ennemi tenait la corde.

Elle ne pouvait même pas accepter la bataille sur les hauteurs de la rive droite de la Meuse, en arrière de Mouzon, car, exposée à être tournée à la fois par Stenay et par le nord de Mouzon, elle perdait toute ligne de retraite si elle était battue. Elle n'avait plus d'autre ressource que de se réfugier en Belgique.

Aussi, dans la soirée du 30, le Maréchal se décidait-il immédiatement à se replier sur Sedan, gardant ainsi tout au moins une possibilité de retraite par l'ouest, et il adressait au Ministre pendant la nuit, dit M. de Mazade, cette sèche et laconique dépêche qui ressemble à un reproche : « Mac-Mahon fait savoir au Ministre de la guerre qu'il est forcé de se porter sur Sedan. »

Comme s'il avait voulu pousser à bout l'honnête soldat, le général de Palikao avait le triste courage de lui répondre dans de pareils moments : « Je suis surpris du peu de renseignements que M. le maréchal de Mac-Mahon donne au Ministre de la guerre... votre dépêche ne m'explique pas la cause de votre marche en arrière ; vous avez donc éprouvé un revers ? »

Le lendemain 31, dans l'après-midi, avaient lieu un combat autour du pont de Bazeilles et deux jours après la bataille de Sedan.

Du côté des Allemands, les ordres donnés pour la journée du 31 par le grand quartier général avaient pour but de faire opérer la IIIe armée contre notre front et contre notre droite ; en ce qui concerne particulièrement cette dernière mission, le XIe corps et la division wurtembergeoise, ayant devant eux la 4e division de cavalerie, étaient dirigés respectivement par Chémery et Vendresse sur Donchery et Boutancourt ; le Ve corps, ayant derrière lui la 2e division de cavalerie, fut d'abord dirigé sur Chémery, puis sur Chéhéry, et enfin sur Donchery à la suite du XIe corps.

La 6ᵉ division de cavalerie (IVᵉ armée) devait, à l'extrême-gauche, prendre la direction de Mézières en suivant les crêtes de Poix, par la route du Chesne à Bouvellemont et à Poix, et la vallée de la Vence.

La 5ᵉ division de cavalerie (IVᵉ armée) avait pour mission d'occuper Tourteron et de surveiller les directions de Rethel et de Reims.

Enfin, le VIᵉ corps (IIIᵉ armée), en se portant à Attigny, devait appuyer à distance ces deux divisions de cavalerie, et concourir principalement au rôle assigné à la 5ᵉ division.

Il résulte de ces ordres, qu'en débarquant à Mézières, le général Vinoy allait se trouver presque aussitôt en contact avec l'ennemi.

CHAPITRE III

Journée du 31 août.

SOMMAIRE

Mesures prises par le général Vinoy dès son arrivée à Mézières.
Opportunité de ces mesures.
Mission du capitaine de Sesmaisons.
Objet des reconnaissances envoyées au sud de Mézières.
Reconnaissance sur Poix.
Reconnaissance sur Flize.

Mesures prises par le général Vinoy dès son arrrivée à Mézières.

Le général Vinoy arriva en gare de Charleville dans la nuit du 30 au 31, à minuit et demie.

Il ne connaissait rien de la situation de l'armée de Châlons, situation qui d'ailleurs s'était profondément modifiée à la suite des événements de la journée même, et bien que Beaumont fût dans le département des Ardennes et à 45 kilomètres à peine de Mézières, ni le Préfet, ni le Commandant d'armes n'avaient de renseignements sur le résultat de la bataille dont ils avaient cependant connaissance. Seul l'Inspecteur des chemins de fer avait reçu par son personnel de vagues indications qui ne paraissaient pas de bon augure.

La situation était délicate et périlleuse, et l'incertitude dans laquelle se trouvait le commandant du

13ᵉ corps était la pire des choses. Avec une seule brigade et un régiment de cavalerie, il était jeté en pleine nuit à proximité d'un ennemi qu'il devinait menaçant Mézières pour empêcher la concentration de ses troupes, et avec lequel il pouvait avoir à faire le lendemain, car il avait appris que la voie ferrée de Reims était coupée à hauteur de Poix.

Avant tout, il fallait protéger le débarquement des éléments du corps d'armée.

La brigade Guilhem, qui s'était installée provisoirement sur la rive gauche de la Meuse dans la prairie qui sépare Mézières de Charleville, fut portée en avant de Mohon, contre le village, où elle établit son camp. Elle était ainsi à l'abri des vues du côté du sud-est par les pentes que gravit la route de Sedan jusqu'à Villers.

Puis, il était nécessaire d'avoir des renseignements à la fois sur l'armée française et sur l'ennemi, et de se mettre en communication avec elle. Supposant que le maréchal de Mac-Mahon devait se trouver à Sedan, le général Vinoy fit partir dès le matin pour cette ville son aide-de-camp, le capitaine de Sesmaisons, et envoya deux reconnaissances, l'une dans la vallée de la Vence sur Poix, l'autre sur la grande route de Sedan, du côté de Flize.

Opportunité de ces mesures.

Ces mesures, qui furent mises à exécution le 31 dès le matin, étaient rationnelles; il importait de surveiller les directions dangereuses par lesquelles l'ennemi pouvait menacer Mézières. La vallée de la Vence l'était particulièrement à cause de la proximité de Rethel, distante seulement de 45 kilomètres, que les Allemands devaient être désireux d'occuper le plus tôt possible, autant pour protéger leur flanc gauche contre une agression venant de Paris et de Reims que pour couper les communications de cette dernière ville avec les Ardennes, et s'assurer la liberté de mouvements dans la direction de l'ouest.

D'après les ordres du général Vinoy, la reconnaissance vers le sud-est, forte d'un bataillon et d'un peloton de hussards, devait rétablir la voie ferrée coupée à Poix, et se relier, autant que possible, avec le bataillon de la divison d'Exéa, qu'il supposait encore à Rethel. Ce bataillon y était encore en effet; il ne devait se replier sur Reims que dans la nuit suivante, du 31 août au 1er septembre.

Mais cette dernière mission était évidemment impossible à remplir, d'abord à cause de la distance qui sépare les deux villes, et aussi parce que le pays était déjà sillonné de petits partis de cavalerie ennemie qui le rendaient dangereux. Les quelques hussards qui accompagnaient le bataillon ne pouvaient l'éclairer qu'à petite distance sans courir le risque d'être enlevés par cette cavalerie que l'on devait rencontrer de plus en plus nombreuse en s'éloignant de Mézières.

D'ailleurs Poix est à 16 kilomètres de cette place; cette distance était un maximum pour une reconnaissance de la force d'un bataillon. Aller au delà, c'était s'aventurer d'une façon absolue, d'autant plus qu'à partir de Poix la route de Réthel, qui jusque là a une direction légèrement sud-ouest, tourne franchement à l'ouest.

En envoyant une reconnaissance vers Sédan dans la vallée de la Meuse, le général commandant le 13e corps voulait non seulement avoir des renseignements, mais encore empêcher l'ennemi de franchir la rivière à proximité de Mézières, de façon à rester en communications avec Sedan par le chemin de fer et par le chemin de la rive droite ; à cet effet, la reconnaissance envoyée sur Flize devait rompre le pont qui se trouve à 1 kilomètre à l'est de cette localité, en face de Nouvion.

Il y a lieu de remarquer, d'abord, que le chemin de fer est absolument commandé par les hauteurs de la rive gauche au-dessus de Dom-le-Mesnil, et que seul le chemin par Vivier-au-Court et Vrigne-aux-Bois pouvait assurer les communications par la rive droite.

Mais une question se pose à ce sujet. Le général Vinoy pouvait-il, de son propre mouvement, ordonner la destruction du pont de Flize avant de s'être mis en relations avec le Maréchal? Evidemment non, parce que cette destruction prématurée pouvait avoir de graves conséquences.

Tout d'abord, il y a la question de commandement en campagne. Puisque le général Vinoy supposait, il n'en avait pas la certitude, et il le dit lui-même, que le Maréchal était à Sedan, le 13e corps se trouvait dans le rayon d'action de l'armée. Sans doute il avait reçu du Ministre une mission spéciale, mais cette mission était subordonnée aux ordres immédiats du Commandant de cette armée. Ne l'eût-elle pas été d'ailleurs par les ordres écrits qu'il avait reçus le 28 août, qu'elle devait l'être le 31 par suite des événements inattendus qui acculaient l'armée à la frontière belge, car s'inspirer de la situation, c'est là, avant tout, la règle de conduite à suivre.

Or, le général Vinoy, arrivé depuis quelques heures sur le théâtre des opérations, ne connaissait rien de la situation ni des intentions du Maréchal; ce dernier allait-il, à la suite de la bataille de Beaumont, continuer sa marche sur Montmédy ou battre en retraite? Il n'en savait rien.

C'était sur Mézières que déjà le Maréchal avait eu l'intention de se retirer, et il était vraisemblable de penser que c'était encore cette ville qu'il chercherait à rallier s'il y était forcé. N'ayant plus la possibilité de faire cette retraite par la rive gauche, il pouvait être obligé de franchir la rivière entre Sedan et Mézières pour rejoindre cette dernière place; dans ce cas, les moyens de passage étaient précieux tant qu'il n'aurait pas mis la Meuse entre l'ennemi et lui.

Et, en effet, quand on étudie la question, on se rend compte que cette éventualité était possible même le 30 au soir, si le maréchal de Mac-Mahon se reprenant au lieu de suivre en soldat trop obéissant l'ordre de marcher quand même sur Montmédy, avait eu l'énergie nécessaire pour organiser la retraite vers le nord-ouest.

Il paraît évident que le général Vinoy, en ordonnant la destruction du pont de Flize, ne pensa qu'à sa situation particulière, et ne vit qu'un côté de la question: celui de protéger le rassemblement de ses troupes et de rester en communications avec Sedan au cas, problématique pour lui, où l'armée y serait déjà rassemblée.

Mais il ne s'en tint pas là ; il fit signaler au Commandant de la place de Sedan, au général de Beurmann, le pont fixe de Donchery, afin qu'on le fît surveiller et intercepter au besoin. Ce pont étant dans le rayon d'action de la place de Sedan, si le Maréchal se trouvait dans cette ville, comme il le supposait, c'était à lui qu'il appartenait de prendre à ce sujet telle décision qu'il jugerait convenable ; s'il n'y était pas encore arrivé, les mêmes raisons existaient pour conserver à l'armée française ce moyen de passage sur la rive droite (1).

Sans doute les événements donnèrent raison au général Vinoy, puisque l'armée française gagna Sedan par la rive droite de la Meuse en amont de cette place, et qu'elle négligea de faire sauter le pont de Donchery dont se servirent les Allemands dans la nuit du 31 août au 1er septembre ; mais il convient de dire aussi que la rupture du pont de Flize ne gêna en rien leurs opérations : quelques heures leur suffirent pour jeter un pont à côté de l'ancien.

Etant donnée l'incertitude du général Vinoy sur la situation exacte de l'armée, la rupture des ponts de la Meuse, ordonnée ou demandée par lui, était donc

---

(1) Le Maréchal donna des ordres dans la journée du 31 pour faire sauter le pont de Donchery : la compagnie du génie chargée de l'opération profita d'un train qui gagnait Mézières, et qui la déposa près du pont.

A peine fut-elle débarquée, que le train repartit aussitôt emportant les outils et la poudre que l'on n'avait pas eu le temps de descendre, de sorte que l'ordre ne put être exécuté. Le Maréchal n'en fut informé qu'assez tard dans la soirée, et, quand le lendemain on voulut faire l'opération, il n'était plus temps ; l'avant-garde du XIe corps tenait déjà le pont.

dangereuse et risquée; elle était tout au moins prématurée.

Dans son livre *Le Siège de Paris*, le Commandant du 13e corps dit que pour protéger sa ligne de communications et assurer la marche des trains qui devaient transporter ses troupes, il voulut aussi, dès le 31 au matin, faire occuper la gare de Rimogne par un régiment.

Il ne semble pas qu'il ait donné suite à ce projet; il n'en eut pas les moyens d'ailleurs, puisqu'il n'eut à sa disposition le 31 que quatre bataillons de la brigade Guilhem, et qu'il fit même prendre les armes à ces bataillons pour les porter dans la direction de Sedan.

Il était possible, en effet, que la voie ferrée fut inquiétée par des coureurs ennemis entre Mézières et Rimogne, car, jusqu'à cette dernière localité, elle va presque de l'est à l'ouest; mais au delà de ce point, il y avait de grandes probabilités pour que le même danger ne fût pas à craindre.

Le régiment que le général voulait placer à Rimogne eût été mieux en situation de protéger cette portion de voie en opérant dans le massif boisé qui, prolongeant les crêtes de Poix, forme à distance la rive droite de la Sormonne.

En combinant son action avec celle de la garnison de Mézières qui se serait avancée au nord-ouest de la vieille route de Rethel jusqu'au ruisseau de Neuville, on pouvait tenir éloignés du chemin de fer les partis ennemis qui auraient été tentés de descendre dans la Sormonne en venant, soit de Rethel, soit de la vallée de la Vence.

De Rimogne même, le régiment ne pouvait guère protéger que ce point, à moins qu'il ne s'égrenât le long de la voie jusqu'à Mézières.

Mission du capitaine de Sesmaisons.

Le général Vinoy avait envoyé son aide de camp à Sedan avec « la mission de faire tous ses efforts pour parvenir jusqu'au maréchal de Mac-Mahon et, au besoin, auprès de l'Empereur, de leur faire connaître l'arrivée sur le théâtre des opérations de la tête de colonne du 13e corps ainsi que les dispositions prises par son chef, de recevoir et enfin de lui rapporter leurs instructions et leurs ordres. »

Le capitaine de Sesmaisons partit de Charleville par train spécial, emmenant un détachement de 350 hommes du 3e zouaves arrivé la veille dans cette ville.

Le train venait de franchir la Meuse au delà de Donchéry, lorsqu'il fut en butte à une dizaine de coups de canon venant de la direction de Fresnois : c'était la 4e division de cavalerie allemande qui, de Wadelincourt, avait appuyé sur ce village parce qu'elle était en butte aux feux des Français établis sur la rive droite. Apercevant ce train, elle avait mis en batterie quelques pièces qui, d'ailleurs, le perdirent bientôt de vue à cause d'un remblai de la voie. Les zouaves avaient riposté à coups de fusils dans toutes les directions, ne sachant où était l'ennemi.

Le capitaine de Sesmaisons vit d'abord l'Empereur qui avait établi son quartier général à la sous-préfecture, et lui fit part de la mission dont il était chargé;

puis il raconta l'attaque dont le train venait d'être l'objet, et dit que, de la gare, il avait vu très distinctement une colonne ennemie composée des trois armes, paraissant se diriger sur Donchéry.

Les détachements envoyés par le général Vinoy lui paraissant compromis à la suite de ce qu'il avait vu, il pria l'Empereur de faire savoir à cet officier général qu'il eût à ramener toutes ses troupes autour de Mézières. Aussitôt le télégramme suivant, daté de 9 h. 5, était adressé au commandant du 13ᵉ corps : « J'ai vu votre aide de camp. Les Prussiens s'avancent en forces; concentrez toutes vos troupes dans Mézières. »

Voilà un exemple de la façon dont on comprenait la situation en haut lieu dans l'armée française.

A ne considérer que ce détail, on serait vraiment tenté de croire que la présence des Allemands, signalée par le capitaine de Sesmaisons à l'Empereur, était un renseignement important, alors que, depuis quatre jours, nous étions en contact avec eux, et que, la veille même, des forces sérieuses nous avaient infligé un échec sanglant. Il est vrai que l'Empereur ne s'en rendait pas compte, puisque, le soir même de la bataille de Beaumont, il télégraphiait de Carignan à l'Impératrice : « Il y a eu un engagement aujourd'hui sans grande importance. Je suis resté à cheval assez longtemps. »

Le général Vinoy reçut le télégramme vers 11 heures du matin, et il ne lui sembla pas possible de faire rentrer ses reconnaissances parties depuis plusieurs heures : il ne convenait pas d'ailleurs de le faire. Le général avait tout intérêt à savoir le plus tôt possible ce qu'il avait devant lui, à prendre contact avec l'ennemi s'il était à proximité, afin de mesurer l'espace libre.

Parce qu'un officier arrivé de Paris pendant la nuit sur le théâtre des opérations avait vu, en débarquant à Sedan, une colonne se diriger vers l'ouest, ce n'était pas une raison suffisante pour prescrire de faire rentrer ces reconnaissances.

Cette raison était au moins puérile, car si la vue d'une colonne allemande avait de quoi surprendre le capitaine de Sesmaisons qui n'était pas au courant de la situation, on devait savoir, dans l'armée de Châlons, à quoi s'en tenir sur la présence des Allemands en vue de Sedan.

Il est vrai que l'Empereur, qui ne commandait pas l'armée mais qui l'embarrassait de sa présence, « fit observer à l'aide de camp qu'il ne donnait cet avis qu'à cause de l'urgence et de la difficulté qu'il allait éprouver à rencontrer le maréchal de Mac-Mahon qui, ayant seul le commandement en chef, devrait, dans tous les cas, ratifier et approuver les dispositions prescrites pour qu'elles devinssent définitives. »

Singulière façon de donner des ordres qui auraient pu être exécutés sans être cependant définitifs!

Puis il s'inquiéta de la façon dont l'aide de camp retournerait à Mézières. La voie ferrée et la route de la rive gauche n'étant plus sûres, il lui indiqua et lui traça lui-même sur une carte le chemin de la rive droite qui passe par le défilé de Saint-Albert ou de la Falizette.

L'Empereur s'imaginait que ce chemin était inconnu des Allemands, et, comme il semblait résulter de sa conversation que l'armée française devait le prendre le lendemain pour se retirer sur Mézières, il paraissait sans inquiétude sur cette retraite que l'ennemi, selon lui, ne pouvait ralentir. La relation du grand état-major allemand nous apprend que ce chemin, qui ne se trouvait pas sur nos cartes, figurait, au contraire, sur celles de l'armée ennemie.

Le capitaine de Sesmaisons parvint à trouver dans la matinée le maréchal de Mac-Mahon qui approuva les dispositions prises par l'Empereur. Avait-il d'ailleurs une idée bien arrêtée sur ce qu'il devait faire ?

Sans doute, il se proposait bien de marcher sur Mézières après avoir donné un jour de repos à ses troupes, mais il ne paraissait pas en prendre les moyens, car pour la réussite de cette opération qu'il aurait dû sentir très périlleuse, il fallait occuper au moins le défilé de la Falizette et la presqu'île d'Yges, afin de s'assurer pour le lendemain le débouché de la route de Mézières.

Cette occupation, combinée avec un mouvement du général Vinoy sur la rive gauche de la Meuse, à l'est de Mézières, aurait eu pour résultat de gêner, sinon d'empêcher, les Allemands de passer la rivière et d'inquiéter la rive droite.

Mais il paraît bien évident que ce projet de retraite était vague dans l'esprit du Maréchal qui n'avait rien arrêté. Aussi, las d'être le jouet des hommes et des événements qui le conduisaient, celui-ci ne tarda-t-il pas à accepter l'idée de la bataille à Sedan à la suite d'une conversation avec le général commandant le 7e corps, en présence du capitaine de Sesmaisons.

Le Maréchal demanda à cet officier à quel moment le 13e corps serait prêt à agir, et promit d'envoyer au moment voulu de nouveaux ordres au général Vinoy.

L'aide de camp parvint à sortir de Sedan, où régnait une confusion extrême, au moment où commençait le terrible drame qui devait anéantir l'armée de Châlons; le 1er corps bavarois cherchait à se rendre maître du pont de Bazeilles.

Il put voir sur la route qu'il suivit à quel degré de démoralisation en était déjà l'armée; mais il n'emportait aucun renseignement qui pût éclairer le général Vinoy sur ce qu'il avait à faire et sur les projets du commandement, car si l'Empereur semblait croire à la retraite sur Mézières, le Maréchal, vers midi, paraissait au contraire décidé à accepter la bataille.

Le capitaine de Sesmaisons rentrait à Mézières à deux heures et demie.

Objet des reconnaissances envoyées au sud de Mézières.

Les reconnaissances, parties dès le matin dans les directions de Poix et de Flize, devaient fournir au général Vinoy plus de renseignements sur l'ennemi que n'avait pu en donner le Maréchal lui-même, et le fixer à peu près complètement de ce côté : c'est la meilleure preuve qu'elles étaient nécessaires et qu'il eût été fâcheux de les faire rentrer à Mézières avant l'accomplissement de leur mission.

Elles comprenaient toutes deux un bataillon d'infanterie et une petite fraction de cavalerie.

Si elles n'avaient eu d'autre but que de reconnaître le terrain, on ne comprendrait pas pourquoi cette exploration n'était pas faite uniquement par le régiment de hussards dont c'était le rôle ; n'étant pas lié à l'infanterie, il pouvait la pousser plus loin et la faire plus complète.

Il y avait, en effet, intérêt à reconnaître la rive gauche de la Vence avec la vieille route de Rethel que pouvaient suivre des partis ennemis, et on aurait pu donner à cette cavalerie, comme soutien, quelques fractions seulement d'infanterie qui se seraient avancées par les hauteurs entre la Vence et la Meuse. Cette manière d'opérer aurait été d'autant plus rationnelle que le commandant du 13e corps ne disposait que d'une brigade, et qu'il avait intérêt à conserver le plus possible cette infanterie dans la main.

Mais ce n'était pas simplement dans le but d'explorer que ces reconnaissances avaient été envoyées ; elles avaient chacune une autre mission à remplir. Celle de Poix devait rétablir la voie coupée en ce point et se relier, si c'était possible, avec le bataillon de la division d'Exéa que l'on supposait encore à Rethel ; celle de Flize avait à rompre le pont sur la Meuse : c'est l'explication de leur composition.

Le terrain qu'elles avaient à parcourir s'étend au sud de Mézières entre la Vence et la Meuse ; ces deux vallées sont reliées par la grande route de Flize à Boulzicourt. De la hauteur à l'ouest du village des Ayvelles, hauteur occupée aujourd'hui par le fort du même nom, on voit toute la vallée jusqu'à Sedan ainsi que les pentes de la rive droite ; mais la hauteur au sud de Dom-le-Mesnil arrête la vue sur la rive gauche.

Du village de Saint-Marceau on domine les versants de la Vence jusqu'au sud de Boulzicourt.

Au sud de la route Flize, Boulzicourt, le terrain se redresse brusquement; il est couvert de forêts qui s'étendent jusqu'à la vallée de la Bar vers le sud-est, c'est un pays difficile dans lesquels les reconnaissances ne peuvent opérer qu'avec prudence.

Reconnaissance sur Poix.

Le bataillon du 42e qui l'exécuta avait avec lui un peloton de hussards. Jusqu'à Boulzicourt, il était appuyé par la reconnaissance qui opérait sur sa gauche sur la route de Sedan; mais à partir de ce village, le terrain devenait dangereux pour lui, car il allait bientôt se trouver au sud des bois et absolument hors d'état d'être secouru en cas de besoin.

En même temps que cette reconnaissance se dirigeait sur Poix, son objectif, la 6e division de cavalerie suivait la route du Chesne par Bouvellemont qui débouche à Poix dans la vallée de la Vence, avec mission d'explorer cette vallée dans la direction de Mézières; elle couvrait ainsi l'extrême gauche de la IIIe armée formée par la division wurtembergeoise qui s'avançait de Vendresse sur Boutancourt.

Les relations ne disent rien au sujet de la façon dont marchait et s'éclairait le bataillon du 42e. Il semble indiqué qu'au lieu de suivre la grande route de Boulzicourt à Poix avec toutes ses forces, le chef de la reconnaissance, se faisant éclairer par sa cavalerie à un ou deux kilomètres en avant, devait détacher sur sa gauche une compagnie qui aurait suivi le chemin de Boulzicourt à Villers-sur-le-Mont; l'occupation de ce village lui aurait permis de voir clair au sud des bois, et aurait assuré la sécurité de la grande route contre une attaque ou une surprise venant de l'ouest.

Le bataillon paraît au contraire avoir suivi tout entier la route qui longe la base des pentes, ayant devant lui à petite distance le peloton de hussards.

Il venait de sortir d'Yvernaumont quand il se trouva face à face avec l'avant-garde (3ᵉ uhlans) de la 6ᵉ division : « Supposant, dit le général Vinoy, qu'il n'a devant lui qu'un corps envoyé comme le sien en reconnaissance, le commandant français prend ses dispositions pour tenter de passer outre; deux compagnies sont déployées en tirailleurs et continuent à marcher en avant. Mais bientôt une batterie à cheval accourt et ouvre le feu : les hussards tournent bride et s'enfuient jusqu'à Mézières où ils jettent l'alarme.

» L'ennemi se prépare ensuite à recevoir l'attaque, et bientôt montre une force inattendue et assez considérable que le chef de la reconnaissance évalue à environ 5.000 à 6.000 hommes. Dès lors le but de l'opération semble manqué; il n'était pas possible de songer à enlever le village avec une telle infériorité numérique en présence d'un ennemi relativement aussi fort, et il fallut se retirer. »

On serait tenté de croire d'après ce récit que le bataillon du 42ᵉ avait devant lui des forces d'infanterie, et on peut se demander si le chef de la reconnaissance se rendit bien compte qu'il n'avait affaire qu'à de la cavalerie. La situation pour lui n'était cependant pas la même dans les deux cas.

Quoiqu'il en fût, aussitôt la présence de l'ennemi signalée, sa première pensée devait être de sortir de la route et de gagner les hauteurs qui la commandent; il lui fallait atteindre rapidement la cote 261. Poussant la compagnie de tête jusqu'au tournant de la route de façon à l'enfiler jusqu'à Poix, il aurait occupé cette cote avec quatre compagnies pendant que la sixième aurait protégé son flanc gauche en suivant le ravin qui va d'Yvernaumont vers Villers-sur-le-Mont, et que sa cavalerie aurait éclairé le terrain dans la direction de ce village et de la cote 244.

C'était d'autant plus rationnel que le chef de bataillon du 42e ne savait pas ce qu'il avait devant lui, et qu'il croyait d'abord n'avoir affaire qu'à une simple reconnaissance; avant tout il lui fallait donc voir clair pour agir en conséquence.

Aurait-il eu le temps de prendre ses dispositions? Oui, certainement, car l'avant-garde prussienne, se trouvant en face d'infanterie, dut se replier sur le gros de la division tout en continuant à observer. D'ailleurs, la relation allemande dit que la batterie qui prit position fut appelée de Poix, ce qui fait supposer que le gros de la division ennemie arrivait à peine dans ce village quand les adversaires se trouvèrent en présence.

Avec ces dispositions, le bataillon français était maître de la situation. Il commandait par son feu tout le terrain en avant et autour de lui, car la cote 261 est une position dominante dont la vue n'est gênée par aucun couvert.

Le terrain au nord de cette cote étant d'ailleurs boisé (contrairement aux indications de la carte), on pouvait se dérober aux vues de l'ennemi, et, par suite, à son feu, tout en ne cessant de l'observer, car les Allemands n'avaient d'autre position immédiate pour l'artillerie que la cote 223 à l'est de Poix.

Tenant ainsi à distance la cavalerie ennemie, le chef de bataillon pouvait se renseigner sur la situation, et prendre telle décision qu'il jugerait nécessaire.

Evidemment, il n'avait pas autre chose à faire qu'à battre en retraite en présence d'une division de cavalerie ; mais cette retraite était facilitée par la présence derrière lui du village d'Yvernaumont et des bois qui l'avoisinent.

Le bataillon se retira prudemment, en effet, sur les bois qui se trouvaient derrière lui, et déroba sa marche à l'attention et à la poursuite de l'ennemi, après avoir empêché par ses feux la cavalerie prussienne de pousser plus loin.

Cette cavalerie, semble-t-il, n'a pas cherché à savoir ce qu'elle avait devant elle, car, d'après la relation allemande, le régiment de uhlans qui fut engagé, plaça presque aussitôt des postes avancés entre Yvernaumont et Villers-sur-le-Mont, et se mit en communication sur sa droite avec la division wurtembergeoise vers Boutancourt.

Les autres régiments de la 6ᵉ division de cavalerie s'établissaient en même temps en cantonnements d'alerte à Poix et dans les localités au sud, et un parti d'éclaireurs allait occuper Launois.

On peut s'étonner de son inaction à la suite de cette rencontre dans laquelle d'ailleurs elle manqua d'audace. Les bois qui s'étendent entre Balaives et Yvernaumont pouvaient, en effet, cacher des forces françaises importantes : la présence d'infanterie dans ce dernier village permettait de le supposer. Dans ce cas, la division wurtembergeoise n'eût pas été couverte sur sa gauche par la cavalerie qui, pour bien remplir sa mission de protection, devait chercher à voir clair jusqu'à la route de Flize à Boulzicourt.

Au contraire, elle s'est immobilisée pour le reste de la journée à Poix au lieu de pousser dans la direction de Mézières, son objectif : c'est là un des résultats de la reconnaissance du bataillon du 42e.

Cependant les hussards, qui avaient fui jusqu'au camp, y jetèrent l'alarme, et le général Guilhem demanda aussitôt au commandant du corps d'armée l'autorisation de porter du monde en avant pour recueillir le bataillon qu'il croyait fort compromis.

Mais le général Vinoy ne le permit pas; il fallait protéger le débarquement de l'artillerie qui ne se faisait pas sans peine, et il craignait d'être entraîné à une action importante dans laquelle la majeure partie de la brigade Guilhem aurait été engagée. Il compta que le commandant de la reconnaissance saurait se dérober.

Le bataillon du 42e resta dans les bois jusqu'à la nuit sans être inquiété, et regagna le camp dans la soirée. Il comptait un officier tué et une vingtaine de blessés; les Allemands accusent un homme tué et trois blessés.

Reconnaissance sur Flize.

C'était plutôt une opération qu'une reconnaissance proprement dite. Le colonel La Mariouse du 35e, qui en avait pris la direction, avait avec lui un bataillon de son régiment et de la cavalerie, un peloton sans doute, comme dans la reconnaissance sur Poix. Le général Vinoy n'en dit rien, mais la relation du grand état-major allemand en fait mention.

Le bataillon arriva sans encombre jusqu'à Flize; l'ennemi n'avait pas paru. On requit les ouvriers en fer de cette localité, où se trouvent des forges, pour couper le câble du pont suspendu de Nouvion, et le tablier ne tarda pas à tomber dans la rivière.

On n'a pas de détails sur les dispositions défensives prises par les Français pour assurer le succès de l'opération; il semble cependant, d'après le récit allemand et des renseignements locaux, que le colonel La Mariouse poussa des vedettes sur le plateau au sud de Dom-le-Mesnil et vers Boutancourt, et se garda dans la direction de ces deux localités en conservant le gros de ses forces à la sortie ouest de Flize.

Pendant que cette opération s'exécutait, la 4e division de cavalerie allemande canonnait le train qui emportait à Sedan le capitaine de Sesmaisons, et, continuant son mouvement de Fresnois vers l'ouest, se rassemblait à Villers-sur-Bar où elle était en position vers 10 heures et demie.

D'autre part, la division wurtembergeoise marchait de Vendresse sur Flize où elle devait passer la Meuse.

Les travailleurs furent d'abord inquiétés par de la

cavalerie ennemie qui, appartenant sans doute à la 4ᵉ division, occupait Dom-le-Mesnil. Cette cavalerie essaya d'empêcher la rupture du pont, mais elle fut repoussée par les tirailleurs embusqués derrière les talus près de la bifurcation du chemin de Nouvion avec la route de Sedan.

Le détachement des travailleurs n'était donc pas suffisamment protégé dans la direction de Sedan, puisqu'il n'était guère qu'à un kilomètre des premières maisons de Dom-le-Mesnil. Pour assurer la sécurité de ce détachement, il importait de tenir le village après en avoir chassé la cavalerie.

Mais il n'avait pas suffi au colonel La Mariouse de rompre le pont; il voulut en compléter la destruction et en empêcher absolument le rétablissement en brisant le tablier; c'est pendant cette deuxième partie du travail qu'il eut à faire avec la division wurtembergeoise.

L'avant-garde de cette division, qui paraît ne pas avoir été précédée de loin par sa cavalerie, trouva des cavaliers français à Boutancourt, et signala des troupes ennemies dans la forêt de Flize et au delà, entre ce village et Elaire; c'était sans doute le gros du bataillon du 35ᵉ qui, en réalité, se trouvait à la rencontre des chemins qui rayonnent de Flize vers Mézières, Boulzicourt, Boutancourt et Sedan.

D'après le récit allemand, cette avant-garde mit de l'artillerie en batterie pour refouler les tirailleurs français qui s'étaient avancés jusqu'à Sapogne. Or, à défaut d'autre renseignement, la carte indique suffisamment que ce dernier détail n'est pas exact. Tout au plus l'avant-garde vit-elle quelques hommes, des cavaliers sans doute, sur le plateau au sud de Dom-le-Mesnil, qui observaient le terrain.

Une seule chose est vraie, c'est que les Wurtembergeois ont employé de l'artillerie pour faire rétrograder quelques vedettes, et cet emploi de l'artillerie pour un résultat de si minime importance n'est pas à recommander.

Un bataillon de leur avant-garde, appuyé par un escadron, refoula devant lui les avant-postes français qui couvraient Flize dans la direction du sud, et l'escadron ennemi tenta de pénétrer dans ce village par la sortie est à la suite de ces avant-postes qui s'y étaient repliés; mais il le trouva occupé. Le gros du bataillon y avait pris des dispositions de défense.

Ce petit engagement avait fait pressentir au colonel La Mariouse qu'il allait avoir sur les bras des forces supérieures, et qu'il était dangereux de rester plus longtemps à Flize pour terminer la rupture du pont. Et, en effet, le général d'Obernitz, commandant la division wurtembergeoise, qui accompagnait l'avant-garde, n'avait pas tardé à voir qu'il avait fort peu de monde devant lui; aussi prescrivit-il à la division de continuer son mouvement offensif sur Flize.

Le commandant de la reconnaissance donna aussitôt des ordres pour la retraite sur Mézières et fit prévenir le général Vinoy qu'il avait devant lui environ 20.000 hommes.

Pour assurer le succès de l'opération, le commandant du détachement français avait à surveiller particulièrement deux directions : celle de l'ouest vers

Sedan, et celle du sud et sud-ouest qui débouche sur Flize par Boutancourt et Etrépigny.

La route de Flize à Boulzicourt était peu dangereuse, car elle ne conduisait à aucun objectif pour l'ennemi; elle était simplement une transversale pour les communications entre ses colonnes. D'ailleurs la reconnaissance sur Poix, qui se faisait en même temps, assurait la sécurité dans cette direction; il suffisait de faire surveiller la route par quelques cavaliers de liaison entre les deux reconnaissances.

On voit immédiatement l'importance de l'occupation du plateau 304 (signal), 269 au sud de Dom-le-Mesnil, pour surveiller à la fois les deux directions que pouvait suivre l'ennemi; mais comme ce plateau se trouve dans l'angle formé par ces deux directions, il était indiqué d'appuyer cette occupation par un point à l'ouest de Flize, afin d'arrêter ou au moins de retarder le mouvement sur ce village d'une troupe débouchant par Boutancourt, et d'assurer la retraite sur Mézières.

On est ainsi amené à répartir de la façon suivante le bataillon chargé de protéger la rupture du pont.

Ce pont étant en avant de Flize, il fallait empêcher l'ennemi d'occuper Dom-le-Mesnil; une compagnie sur le plateau au sud de ce village en aurait interdit l'approche. En poussant son service de sûreté jusqu'au saillant est de ce mouvement de terrain, elle surveillait en même temps la direction de Sedan et la vallée de la Bar.

On ne pouvait songer évidemment à occuper Boutancourt où se réunissent les deux chemins qui vont de ce village à Vendresse et à Omont, car on avait trop peu de monde; l'occupation d'ailleurs n'en eût été ni facile ni avantageuse. Il suffisait d'en commander le débouché par les feux de deux compagnies placées à l'extrémité ouest du plateau, aux petits bois qui entourent la cote 269, et de deux autres compagnies à la lisière du bois qui domine immédiatement Flize à l'ouest ; le village lui-même aurait été défendu par la dernière compagnie du bataillon.

De cette façon, le cirque au sud de Flize, dans lequel débouche le chemin venant de Vendresse, eût été battu par des feux croisés. Les deux compagnies de la cote 269 auraient protégé la retraite de celle qui surveillait la direction de Sedan, et ce demi-bataillon pouvait lui-même se rabattre dans la direction de Mézières en passant entre Flize et la Meuse, sous la protection du deuxième demi-bataillon restant en position à l'ouest du village.

La cavalerie eût été employée à surveiller le terrain entre Boutancourt et Sapogne.

Avec ces dispositions, le détachement d'ouvriers requis pouvait travailler en toute sécurité, et se retirer sans danger sur Flize ou sur Nouvion.

Le colonel La Mariouse fit lentement sa retraite. Aussitôt prévenu, le général Guilhem avait fait prendre les armes aux quatre bataillons qui lui restaient et aux trois batteries de la division arrivées à Mézières dans la matinée, et s'était porté dans la direction de Flize, sa gauche à la route de Sedan, sa droite aux bois qui, à ce moment, occupaient la crête à l'ouest de cette route.

Les tirailleurs qui précédaient la colonne occupèrent les Ayvelles qu'ils ne dépassèrent pas, et l'artillerie prit position sur la hauteur qui domine ce village et sur laquelle sont construits actuellement le fort et la batterie des Ayvelles.

Le général Vinoy donna l'ordre de ne pas s'engager plus avant, et prescrivit au général Guilhem de rentrer sous Mézières dès qu'il aurait recueilli le bataillon du 35e.

De leur côté, les Wurtembergeois n'avaient pas poursuivi leur offensive; ils laissèrent ce bataillon faire sa retraite, se contentant d'occuper Flize. Ils avaient d'ailleurs aperçu le mouvement de la brigade Guilhem et son artillerie portée en avant dans le but nettement dessiné de soutenir la retraite.

D'après le général Vinoy, ils auraient mis quelques pièces en batterie sur les hauteurs boisées entre Flize et Etrépigny, et tiré un coup de canon auquel auraient répondu cinq ou six coups de notre côté; cette canonnade à distance ne pouvait avoir d'effet; la relation allemande n'en parle pas. Mais comme le soir approchait, car il était alors six heures, dit-elle, le général d'Obernitz fit cesser le combat.

Cette heure tardive montre que les deux adversaires restèrent de longues heures en présence sans se faire beaucoup de mal, car les Wurtembergois eurent, disent-ils, trois hommes blessés seulement; du côté français quelques hommes tués et une vingtaine de blessés.

Les cinq bataillons de la brigade Guilhem et les trois batteries qui l'accompagnaient ne tardèrent pas à rentrer au camp de Mohon pendant que la division wurtembergeoise, établissant son gros à Boutancourt et à Étrépigny, disposait une ligne d'avant-postes en face de Mézières, depuis Elaire jusqu'à Chalandry, le reste de l'avant-garde occupant Flize.

Ce dispositif de sûreté laissait à désirer, car il ne protégeait pas le gros de la division contre une attaque pouvant se produire par Saint-Marceau, la ferme de Constantine et la ferme Eva. Il paraît avoir été pris comme si les avant-postes de la 6ᵉ division de cavalerie avaient été poussés au nord de la route Boulzicourt, Flize.

Cependant on ne comprend pas que le général d'Obernitz n'ait pas été informé que cette cavalerie n'avait pas dépassé Poix, puisque après la retraite du bataillon du 42ᵉ, elle s'était mise en relations avec la division wurtembergeoise. Quelle que soit la raison des dispositions prises, il ressort clairement que la 6ᵉ division de cavalerie commit une faute en ne reconnaissant pas à la fin de la journée les bois d'Enelle, et en ne se portant pas au delà pour y passer la nuit.

En restant à Poix, elle ne couvrait plus les Wurtembergeois dont elle était séparée, à plus de huit kilomètres en arrière, par un massif boisé dangereux, en sorte que ceux-ci n'étaient pas à l'abri d'un coup de main.

CHAPITRE IV

SOMMAIRE

Situation du 13ᵉ corps le 31 août au soir et pendant la nuit du 31 août au 1ᵉʳ septembre.

Situation du 13ᵉ corps le 31 août au soir et pendant la nuit du 31 août au 1ᵉʳ septembre.

Le 31 août au soir, c'est-à-dire moins de vingt-quatre heures après son arrivée sur le théâtre des opérations, le général Vinoy ne disposait encore que de la brigade Guilhem, du 6ᵉ régiment de hussards et de quelques batteries. Si les événements de la journée lui avaient appris la présence de l'armée française à Sedan et celle de forces ennemies à huit kilomètres de Mézières dans la vallée de la Meuse et à douze kilomètres environ dans la vallée de la Vence, il ne connaissait rien ou à peu près rien des intentions du Maréchal pour le lendemain.

L'armée française reprendrait-elle son mouvement sur Montmédy? Ferait-elle sa retraite sur Mézières? Les renseignements rapportés par le capitaine de Sesmaisons ne pouvaient le fixer à ce sujet, car si l'Empereur avait pu faire croire à cet officier que la marche sur Mézières commencerait le 1ᵉʳ septembre, le maréchal de Mac-Mahon avait paru au contraire changer d'avis au dernier moment, et accepter l'idée d'attendre la bataille à Sedan.

En réalité, le Maréchal ne se rendait pas compte du danger qui l'enveloppait, et il n'avait aucun plan arrêté; aussi aucun ordre n'avait été donné pour le 1er septembre.

Par une étrange aberration dont on a eu peu d'exemples, il ne se croyait pas obligé de battre en retraite sans perdre de temps malgré les événements des jours précédents, malgré surtout l'audacieuse attaque du Ier corps bavarois contre Bazeilles dans la journée même du 31.

Il lui suffisait pour le moment d'avoir mis la Meuse entre lui et l'armée allemande, et, quand, le 31, on parla devant lui du projet que l'on prêtait à l'ennemi de passer la rivière pour enlever aux Français toute chance de s'échapper vers l'est ou vers l'ouest : « Tant mieux, dit-il, qu'ils passent, je le voudrais; s'ils franchissent la Meuse avec 50.000 hommes, je suis sûr de les jeter dans le fleuve. » Paroles malheureuses et dignes de celles qu'on lui attribue le veille de Reischoffen : « Enfin, je les tiens! »

Il semble que l'intention du Maréchal était, le 31 au soir, de laisser ses troupes au repos le 1er septembre, puis de se diriger sur Carignan ou sur Mézières le 2, d'après les mouvements des Allemands, car l'idée que ces deux directions, surtout celle de Mézières, pouvaient lui être fermées, n'était pas suffisamment nette dans son esprit pour lui faire prendre des dispositions en conséquence.

Un pli encore cacheté, trouvé plus tard sur le champ de bataille, contenait en effet l'ordre suivant : « Aujourd'hui, repos pour toute l'armée. » Tel est le dernier ordre que le maréchal avait l'intention de donner à l'armée de Châlons pour la journée qui fut la journée de Sedan.

Il n'y a donc pas lieu de s'étonner que le général Vinoy n'ait reçu aucun ordre dans la soirée du 31 ; les communications, d'ailleurs, étaient coupées avec Sedan, et on ne pouvait plus correspondre que par la rive droite au moyen d'estafettes, car la voie ferrée et la ligne télégraphique étaient entre les mains de l'ennemi.

Le XIe corps, en effet, qui, dès le matin, s'était mis en mouvement des environs de Stonne sur Cheveuge, avait poussé en avant quelques officiers d'état-major avec une escorte. Vers le milieu de la journée, ces officiers trouvaient intact le pont de Donchery et le village abandonné par les Français ; ils occupaient le gare pendant que l'escorte coupait aussitôt les fils télégraphiques et mettait la voie ferrée hors de service.

Puis l'avant-garde du XIe corps jetait, au commenment de l'après-midi, des détachements sur la rive droite de la Meuse afin de protéger l'établissement d'un pont en face de l'auberge de Condé, à moins d'un kilomètre à l'ouest du pont de pierre de Donchery ; ce pont était terminé à 3 heures de l'après-midi. Les pionniers rompaient ensuite le pont sur lequel la voie ferrée franchit la Meuse vers Sedan.

Ces opérations terminées, toute l'avant-garde du XIe corps, trois bataillons et demi, un escadron et une batterie, occupait Donchery et jetait du monde au nord et à l'est de cette localité pour assurer les débouchés le lendemain matin au gros du corps d'armée.

Les deux petites affaires que les bataillons de la brigade Guilhem avaient eues dans la journée avec l'ennemi, avaient rendu le général Vinoy fort inquiet sur la possibilité de faire sa concentration à Mézières, c'est-à-dire à quelques kilomètres des forces prussiennes. Sans doute Mézières était une place forte, mais on ne pouvait débarquer l'artillerie qu'à Mohon où se trouvaient quelques quais mal aménagés pour une semblable opération, et la gare de Mohon, bien que sous le canon de la place, n'était pas à l'abri d'un coup de main.

Pour le moment, c'était donc ce point qu'il fallait protéger à tout prix jusqu'à ce que toute l'artillerie fût débarquée; aussi, d'après les ordres donnés pour le lendemain, 1er septembre, le 13e corps devait-il garder une attitude purement défensive tant qu'on ne disposerait pas de forces plus considérables.

Le général en chef ne paraît pas avoir craint, dans la soirée du 31, la rupture de la voie même qui assurait le transport des troupes; cette éventualité était cependant très admissible.

Si la 6e division de cavalerie prussienne avait accompli sa mission dans la journée du 31, elle se serait avancée sans doute jusqu'à Lafrancheville, Evigny et Warnécourt pour observer Mézières. Rien ne lui était plus facile alors que de faire couper la ligne d'Hirson, au sud de Tournes, par exemple, par un parti qui aurait gagné Belval par le château de Sept-Fontaines et le bois Chevrière; quelques heures suffisaient pour cette opération qui aurait singulièrement gêné la concentration des éléments du 13e corps.

Les Prussiens ne l'ont pas fait; ils ne paraissent pas

même y avoir songé. C'est-là le premier indice, semble-t-il, qu'ils n'ont pas été informés à temps du mouvement de ce corps d'armée sur Mézières par Hirson ; on peut conclure également des événements qui se sont passés les 1er et 2 septembre qu'ils ont ignoré la présence de la division Blanchard dans cette place.

La nuit du 31 août au 1er septembre fut calme, et rien ne vint troubler le rassemblement des troupes qui se faisait avec une lenteur désespérante.

Au point du jour, arrivèrent cinq bataillons de la brigade Susbielle (le sixième était encore avec la division de Maud'huy), et ses deux compagnies de chasseurs.

Toute l'artillerie, qui les avait précédés, était enfin à Mézières. On en parqua la plus grande partie dans la couronne de Champagne, faubourg de Pierre, à l'endroit où s'élève actuellement la caserne du régiment d'infanterie de la garnison.

La brigade Susbielle alla camper sur le plateau de Bertaucourt, tandis que les deux compagnies de chasseurs s'établissaient en grand'garde sur le mont Olympe, au nord de Charleville.

Comme le plus grand nombre des hommes de cette brigade (13e et 14e de marche) n'avaient jamais tiré à la cible, le général Vinoy avait donné l'ordre, le 31 août au soir, de faire tirer quatre balles à chacun d'eux dans la journée du lendemain.

Dans cette même nuit, du 31 août au 1er septembre, le bataillon détaché de la division d'Exéa qu ttait précipitamment Rethel, et rejoignait le gros de la division devant les menaces de l'ennemi.

Le régiment des hussards de Brunswick de la 5ᵉ division de cavalerie, jeté du côté de Reims, avait, en effet, coupé dans la journée la voie ferrée auprès du Châtelet ; un train qui arrivait de Rethel avait été contraint de rebrousser chemin devant son feu. Le gros de cette division était à ce moment dans le voisinage de Tourteron.

D'autre part, le VIᵉ corps prussien (IVᵉ armée) était arrivé dans la journée dans le voisinage de Semuy et d'Attigny, et, sur un renseignement erroné que des transports de troupes avaient lieu par la voie ferrée de Rethel à Mézières, et que les Français occupaient Amagne, il avait porté sur ce point un détachement qui, après avoir rompu la voie à Faux, à deux kilomètres au nord d'Amagne, avait rejoint le corps d'armée sans rencontrer l'adversaire.

Ce transport de troupes signalé au VIᵉ corps était sans aucun doute celui du 13ᵉ corps français ; heureusement, ce renseignement n'était pas exact puisque les Allemands ont cru qu'il s'effectuait par Reims et Rethel. Faut-il l'attribuer à la presse qui manquait du plus élémentaire bon sens en publiant des nouvelles de ce genre, comme quelques jours avant celle de la marche de l'armée du Maréchal sur Montmédy, ou à des espions habitant Paris et renseignant le grand quartier allemand par la voie de Londres ?

Quoiqu'il en soit, les Allemands n'inquiétèrent pas le débarquement du corps Vinoy qui, le matin du 1ᵉʳ septembre, comptait à Mézières 10.000 hommes environ avec douze batteries, c'est-à-dire l'artillerie du corps d'armée moins celle de la division d'Exéa.

La proportion d'artillerie par 1.000 hommes était ainsi de sept pièces, plus du double de la proportion généralement admise.

CHAPITRE V

Journée du 1ᵉʳ septembre.

SOMMAIRE

Mouvements de l'aile gauche de la IIIᵉ armée allemande.
Mouvements de la division wurtembergeoise.
Dispositions prises par le général Vinoy.
La division wurtembergeoise se porte à Donchery.
Attaque de la brigade Guilhem par les Wurtembergeois.
Après la retraite du général Guilhem.

Mouvements de l'aile gauche de la IIIᵉ armée allemande.

Le colonel Borbstaedt raconte, dans son ouvrage sur la guerre de 1870, que le roi de Prusse, lui aussi, avait eu d'abord l'intention de laisser au repos, le 1ᵉʳ septembre, ses troupes qui étaient très fatiguées, et de n'entamer l'action décisive que le 2. Si cette faute avait été commise, c'était peut-être le salut pour l'armée française; aussi la crainte de la voir s'échapper soit vers l'est, soit vers l'ouest, le fit bientôt revenir sur sa décision, et le soir du 31 août, il donna des ordres pour franchir la Meuse en amont et en aval de Sedan afin de couper les routes de Montmédy et de Mézières.

A l'aile gauche de la IIIᵉ armée, le mouvement fut fixé pour cinq heures du matin.

Le XIᵉ et le Vᵉ corps devaient se porter par Donchery dans la direction générale de Vrigne-aux-Bois pendant que la division wurtembergeoise, traversant la Meuse sur un pont qu'elle jetterait à Dom-le-Mesnil, prendrait position de façon à se trouver à la fois en mesure d'agir du côté de Mézières, ou de servir de réserve aux troupes acheminées par Vrigne-aux-Bois.

La 6e division de cavalerie devait rompre de Mazerny à la même heure, et gagner la Meuse à Flize par Boutancourt et Boulzicourt.

La 4e division de cavalerie se masserait à Fresnoy, et y attendrait de nouveaux ordres pendant que la 2e, venant de Vendresse, se formerait au sud de Boutancourt.

Un rapport parvenu dans la soirée au grand quartier général allemand et portant que les Français semblaient se replier précipitamment sur Mézières (1) fit hâter le commencement des opérations prescrites, de façon à prendre en flanc l'armée du Maréchal que l'on croyait en retraite dans la direction de cette place.

Les troupes s'ébranlèrent au milieu de la nuit, de sorte que, à cinq heures un quart du matin, le XIe corps se trouvait formé presque en entier au nord de Donchery, pendant que le Ve commençait à passer la Meuse sur les ponts de Donchery et de l'auberge de Condé, en même temps que la division wurtembergeoise jetait un pont à Dom-le-Mesnil.

A six heures, les deux corps se mettaient en mouvement directement vers le nord.

Le XIe corps formait trois colonnes d'une brigade

---

(1) C'étaient probablement les troupes du 1er corps français en marche pour venir des environs de Carignan, par Francheval, sur la rive droite de la Givonne.

chacune avec deux escadrons et deux batteries; la première se dirigeait sur Montimont, la deuxième sur Briancourt, la troisième sur Vrigne-aux-Bois. La quatrième brigade, avec l'artillerie de réserve, suivait la colonne du centre.

A gauche, le Ve corps, en une seule colonne, marchait sur Tendrecourt.

A sept heures et demie, la tête des quatre colonnes atteignait les points qui viennent d'être indiqués; mais comme on n'avait pas même rencontré une patrouille française, les deux corps prussiens recevaient l'ordre de faire une conversion à droite afin d'exécuter au plus vite la jonction projetée avec l'armée de la Meuse, et de couper ainsi l'adversaire de la frontière belge.

Puisque la route de Mézières était libre, il ne restait plus, en effet, que deux hypothèses en présence : ou bien les Français n'avaient pas quitté Sedan, ou bien ils s'étaient mis en mouvement vers l'est. Dans l'un et dans l'autre cas, il n'y avait plus aucune raison pour s'attarder sur la route de Mézières; il fallait au plus vite se rabattre à l'est, et marcher au canon qu'on entendait depuis plusieurs heures déjà : le combat était en effet engagé depuis quatre heures et demie du matin à Bazeilles.

Le mouvement des Allemands était audacieux; mais le temps même s'était mis de leur côté; un épais brouillard, qui ne tomba que vers sept heures et demie, cacha leur marche d'approche à l'armée française qui ne s'éclairait pas.

Sans la brume, des hauteurs de Floing et de Saint-Menges, elle aurait pu voir, en effet, le déploiement de l'aile gauche allemande, en particulier la formation préparatoire de combat du XIe corps, et prendre des dispositions pour rejeter l'assaillant dans la Meuse ; elle ne s'aperçut de son mouvement enveloppant que lorsqu'il était déjà engagé dans le défilé de la Falizette qu'elle avait négligé d'occuper : le tenaille se fermait.

Derrière ces deux corps allemands, la 4e division de cavalerie, rassemblée d'abord à Frénois, avait passé la Meuse à Donchery, et s'était établie au nord de cette localité, à Sérifontaine, où elle attendit jusqu'à deux heures et demie l'ordre d'aller prolonger la gauche du Ve corps, vers la frontière de Belgique.

Mouvements de la division wurtembergeoise.

De son côté, la division wurtembergeoise avait commencé à passer la Meuse à six heures sur le pont qu'elle avait jeté à Dom-le-Mesnil ; la division n'était tout entière sur la rive droite qu'entre sept et huit heures, pendant que son avant-garde se portait sur Vivier-au-Court, et que sa brigade de cavalerie, gagnant les hauteurs à l'ouest de Tumécourt, explorait surtout dans la direction de Mézières.

L'ordre daté de Chémery, le 31 août, neuf heures du soir, qui assignait sa mission à la division wurtembergeoise, disait à propos du pont de Dom-le-Mesnil : « Le pont restera gardé ». Le général d'Obernitz n'avait laissé qu'une compagnie à Flize, et une autre à Nouvion pour la garde de ce pont. Cette protection eût été insuffisante dans le cas très possible où la division aurait dû s'engager avec le XIe et le Ve corps du côté de Vrigne-aux-Bois, et où le 13e corps aurait marché sur Flize.

Sans doute, les Allemands avaient de ce côté la 6e division de cavalerie qui devait déboucher sur Flize par la route de Boulzicourt et par Boutancourt, et la 2e division de cavalerie, qui avait également Flize comme objectif. Mais, en réalité, la protection du pont de Dom n'eût été vraiment bien assurée que par une troupe sérieuse d'infanterie, un régiment par exemple, qui aurait occupé la cote 193 au nord-ouest de Flize, et qui aurait opéré avec la 6e division, celle-ci se portant à hauteur de Saint-Marceau et de Chalandry. De cette façon, les Allemands auraient pu maintenir l'attaque française si elle s'était produite.

Or, le gros de cette division paraît ne pas avoir quitté les environs de Poix, malgré l'ordre qui l'envoyait sur Flize; elle se contenta de faire explorer le terrain dans la direction de cette localité.

Quant à la 2e division de cavalerie, elle fut employée avec la 4e, à prolonger vers la Belgique la gauche des armées allemandes.

Le régiment d'infanterie lancé en avant de Flize, aurait pu d'ailleurs rallier la division quand on aurait été fixé sur les intentions des Français sur la rive gauche.

En laissant si peu de monde à la garde du pont, le général d'Obernitz semble avoir traité le 13e corps en quantité négligeable; mais on est plutôt en droit de croire qu'il ignorait à ce moment avoir eu affaire la veille à des troupes de campagne, et qu'il prit ces troupes pour une partie de la garnison de Mézières.

Il semble, d'après les relations allemandes, que l'avant-garde seule de la division wurtembergeoise, une brigade, se porta tout d'abord sur Vivier-au-Court, où elle n'arriva d'ailleurs qu'à neuf heures. Le général d'Obernitz avait en effet à manœuvrer en vue d'un double but : agir du côté de Mézières s'il était nécessaire, ou servir de réserve aux XIe et V^e corps.

Vivier-au-Court, situé dans un bas-fond, est séparé de Nouvion par la grande croupe, boisée en partie sur sa crête, qui va du signal de Lunes à Vrigne-Meuse.

Cette croupe domine tout le terrain au nord et à l'est de Vivier, et se raccorde, au nord du signal, vers la cote 225, avec les plateaux dont les pentes tombent vers l'ouest sur la Meuse, au nord et à l'est sur la Vrigne et ses affluents.

Le seuil du bassin de la Vrigne, du côté de Mézières, se trouve donc formé par le col entre le signal et la cote 225, à l'ouest de Tumécourt. C'est ce seuil que la division aurait dû évidemment occuper si l'aile gauche de la IIIe armée avait été menacée par des troupes venant de Mézières sur la rive droite.

Tant qu'il ne serait pas fixé sur la situation, le général d'Obernitz avait intérêt à ne pas quitter la position de la ferme de l'Espérance qui lui permettait d'agir suivant les circonstances, tout en ne s'éloignant pas du pont de Dom-le-Mesnil, et en surveillant les ponts de Lumes qui n'avaient pas été détruits.

Au moment d'ailleurs où sa division achevait de passer la Meuse, il devait être convaincu que les Français n'étaient pas en retraite sur Mézières, car les Ve et XIe corps eussent été engagés depuis longtemps.

Cependant, entre neuf et dix heures du matin, la cavalerie wurtembergeoise, qui avait poussé des partis jusque sur la ligne de Mézières à Givet, signalait la présence de l'ennemi à Ville-sur-Lumes ; c'étaient des francs-tireurs du bataillon Mocquart en reconnaissance sur les hauteurs de la rive droite.

Dispositions prises par le général Vinoy.

Le mouvement des Wurtembergeois s'était fait pour ainsi dire en vue de Mézières, d'où on aperçoit parfaitement le versant sud de la croupe signal de Lumes, signal de l'Epine ; la ferme de l'Espérance n'en est à vol d'oiseau qu'à sept kilomètres, et cependant on n'avait rien vu.

Que faisait donc le général Vinoy ? Il attendait des ordres, ces ordres que la veille le maréchal de Mac-Mahon avait promis au capitaine de Sesmaisons d'envoyer au 13e corps, et ces ordres n'arrivant pas, il restait inactif, lié à cette place de Mézières, dont il n'osait s'éloigner, par les instructions vagues et sans aucune valeur dans les circonstances actuelles que le ministre lui avait données à Paris.

Soldat obéissant, lui aussi, il explique de la façon suivante sa conduite dans cette journée du 1er septembre : « Les instructions du Ministre de la guerre prescrivaient au commandant du 13e corps de ne pas livrer un combat, mais d'inquiéter par la présence d'un corps de troupe le flanc de l'armée du Prince royal ; il ne devait rejoindre l'armée du maréchal de Mac-Mahon que s'il était directement appelé par lui. Cette éventualité ne s'étant pas présentée, la première partie des instructions ministérielles gardait toute sa force, et les circonstances d'ailleurs n'obligeaient pas le général en chef à les modifier. »

Depuis de longues années, en effet, on avait perdu de vue dans l'armée française que les instructions n'ont de valeur qu'autant qu'elles s'inspirent des circonstances; on avait perdu de vue surtout que l'initiative est la source la plus féconde des résultats heureux.

Or, non seulement le général Vinoy a manqué d'initiative, mais il n'a même pas fait ce que le Ministre lui demandait.

Le 31 au soir, il ne pouvait douter de la présence des armées allemandes devant Sedan, et de la situation désespérée de l'armée française acculée à une mauvaise place forte, à moins de 12 kilomètres de la frontière belge.

Il le savait par les renseignements que son aide de camp lui avait rapportés; cet aide de camp avait d'ailleurs quitté Sedan au moment même où une violente canonnade se faisait entendre du côté de Bazeilles.

La brigade Guilhem, elle aussi, avait eu deux affaires avec des forces ennemies importantes, et la rive gauche de la Meuse était au pouvoir de nos adversaires.

Il n'y avait donc place pour aucun doute sur l'imminence du danger qui menaçait le Maréchal.

Et cependant le général Vinoy était si convaincu que l'armée française devait faire tranquillement sa retraite, le 1er au matin, par la route de la rive droite, qu'il s'attendait à tout moment, dit-il, à en voir arriver les têtes de colonne.

Il semblait vraiment que la rupture des ponts avait mis un fossé infranchissable entre les deux adversaires.

Il est surprenant déjà que le 31 dans l'après-midi, il n'ait pas fait observer les Allemands par des patrouilles lancées sur la rive droite ; du signal de l'Epine une reconnaissance d'officier aurait pu le renseigner sur leurs intentions à Donchery et sur les dispositions que les Wurtembergeois avaient prises après le combat de Flize.

Mais comment expliquer que dès le 1er au matin, il n'ait pas fait explorer par sa cavalerie le terrain entre la Vence et la Meuse, et cherché à savoir ce qu'il avait à craindre dans ces deux vallées des forces adverses avec lesquelles il avait eu affaire la veille ?

On comprend très bien que le 31 il ait empêché la brigade Guilhem de s'engager, car on était en plein débarquement d'artillerie, et on attendait la brigade Susbielle. Mais le matin du 1er septembre, la situation avait changé : la division Blanchard était réunie tout entière avec l'artillerie d'un corps d'armée, et elle s'appuyait sur une place forte ; elle pouvait faire autre chose que s'y enfermer.

Dans tous les cas, il fallait à tout prix savoir ce qu'on avait devant soi, d'autant plus que le brouillard pouvait favoriser l'approche de l'ennemi.

Depuis les premières heures du jour, on entendait cependant le canon dans la direction de Sedan. Le commandant du 13e corps s'était contenté de faire prendre les armes à ses troupes, afin d'être prêt à exécuter rapidement les ordres qu'il attendait toujours du Maréchal.

A neuf heures, la canonnade avait paru redoubler, puis diminuer et même s'éloigner : c'était probablement l'artillerie du XI⁰ corps qui entrait en ligne.

Mais on manquait totalement de nouvelles : on attendait qu'elles vinssent, ces nouvelles; on n'allait pas les chercher, et à Sedan on avait bien autre chose à faire qu'à penser au 13⁰ corps; d'ailleurs, une dépêche de Sedan devait mettre au moins deux à trois heures pour arriver à Mézières.

Si le général Vinoy avait lancé sa cavalerie, non seulement entre la Meuse et la Vence, mais encore sur la rive droite de la Meuse, il eût su depuis longtemps, ou tout au moins deviné, ce qui se passait. Mais il ne devait l'apprendre que dans l'après-midi par des agents de l'administration venant de Vrigne-aux-Bois.

En n'employant pas sa cavalerie pour le renseigner, il perdit l'occasion d'inquiéter l'aile gauche de la III⁰ armée, ce qui faisait l'objet de sa mission, et il faillit perdre ainsi l'occasion d'être d'un grand secours à l'armée française.

En effet, dès le début de la journée à Sedan, le Maréchal, blessé d'un éclat d'obus, avait transmis de sa propre autorité le commandement en chef au général Ducrot; celui-ci avait été informé de cette décision à sept heures et demie environ, au moment même où les XI⁰ et V⁰ corps commençaient leur conversion à droite pour se rabattre sur Saint-Menges et Fleigneux.

Le général Ducrot était déjà la veille un partisan convaincu de la retraite sur Mézières.

Abandonnant aussitôt les dispositions prises par le Maréchal, dispositions qu'il croyait mauvaises, il s'était hâté de donner des ordres pour mettre son plan de retraite à exécution. Toute l'armée devait se concentrer sur le plateau d'Illy pour s'ouvrir la route de Mézières : tous les bagages superflus, tous les parcs d'artillerie inutiles dans une bataille, gagnèrent immédiatement les derrières du champ de bataille dans la direction de cette place.

C'est ainsi que beaucoup de voitures de l'administration et de l'artillerie purent y arriver dans l'après-midi, les chemins n'étant pas encore fermés au moment où cet ordre eut un commencement d'exécution.

La possibilité de faire cette retraite a été l'objet de nombreuses discussions. On sait par suite de quelle faute de la part d'un Gouvernement qui avait déjà poussé le Maréchal à Sedan, parce que de Paris il voulait conduire les événements, le commandement passa presque aussitôt des mains du général Ducrot dans celles d'un général débarqué d'Afrique la veille, qui s'empressa de donner des ordres contraires.

Ce qui est certain, c'est que jusqu'à une heure avancée de la matinée, le grand quartier général allemand craignit ce mouvement de l'armée française, et que les Ve et XIe corps furent en mauvaise posture pendant plusieurs heures pour s'y opposer.

« A dix heures, dit le colonel Borbstaedt, il ne se trouvait encore sur le champ de bataille, outre l'artillerie du XIe corps d'armée, que trois brigades de ce corps et une brigade du Ve corps, soit au total deux divisions d'infanterie. Si entre neuf heures et dix heures, l'ennemi qui comptait trois divisions avait pointé énergiquement, il lui aurait peut-être été possible de refouler les têtes de colonnes prussiennes dans le défilé de Saint-Albert, et de forcer la ligne d'artillerie à se replier, ce qui eût pu exercer une influence décisive sur le cours ultérieur de toute la bataille et sur le déploiement des colonnes allemandes s'avançant sur une seule route. »

On voit de quelle utilité le 13e corps pouvait être dans une semblable éventualité, si prenant les armes dès le matin et couvert sur son flanc droit par le gros de sa cavalerie pour se prémunir contre une attaque possible par la Vence, il s'était porté dans la direction de Flize par les hauteurs.

Le premier résultat était de surprendre la division wurtembergeoise en flagrant délit de passage de rivière, et, dans tous les cas, de la rendre impuissante à soutenir les XIe et Ve corps dans leur lutte contre une poussée probable de l'armée française vers l'ouest; cette division eût été tout au moins immobilisée.

Un deuxième résultat qu'il n'est pas impossible d'admettre, c'est que la présence du 13e corps au-dessus de Flize eût sans doute inquiété fortement le grand quartier général qui devait ignorer son arrivée à Mézières; plusieurs indices dans le cours de ces opérations en fournissent la preuve, en particulier le manque de dispositions défensives sérieuses sur la rive gauche de la Meuse dans la direction de cette place.

Si donc le mouvement du général Ducrot s'était produit avec quelque succès, l'aile gauche de la IIIe armée étant attaquée sur les deux rives de la Meuse, le Prince royal pouvait être amené à faire repasser la rivière par les Ve et XIe corps, se contentant de protéger leur retraite des hauteurs de la rive gauche.

Et ainsi le général Vinoy aurait bien inquiété l'aile gauche de la IIIe armée; il ne pouvait espérer trouver l'occasion de le faire dans de meilleures conditions, et, comme il le dit fort bien, mais en se plaçant à un autre point de vue que celui indiqué par la situation : « Les circonstances ne l'obligeaient pas à modifier les instructions du Ministre. » Dans le cas actuel, ces instructions paraissent s'être résumées pour lui dans cette idée : pas de combat.

Cependant les heures passaient, et aucune nouvelle n'arrivait.

Dans la pensée que le Maréchal avait pu reprendre sa marche sur Montmédy, le général se décida assez tard dans la matinée à s'avancer, comme il le dit, avec la plus grande circonspection, espérant « que les forces prussiennes que le 13e corps avait devant lui se seraient peut-être éloignées allant à sa poursuite. » Des ordres furent donnés à la brigade Guilhem qui dut se porter avec six batteries dans la direction des Ayvelles.

Ainsi, c'est dans la pensée qu'il n'avait plus personne devant lui que le général Vinoy se décida à s'avancer à quelques kilomètres, et encore avec la plus grande circonspection, pendant que l'aile gauche des forces allemandes, qui écrasaient à ce moment l'armée française, passait la Meuse à moins de dix kilomètres de lui !

C'est bien là l'aveu indiscutable qu'il ne songea qu'à sa propre sûreté dans ces lamentables journées, et cet aveu ne peut avoir d'excuse que dans le désir qu'il avait de concentrer toutes ses forces avant de rien tenter : jusque là il voulait, semble-t-il, faire ignorer son existence à l'ennemi.

Cependant il avait sous la main 12.000 hommes avec une artillerie nombreuse, et cette force était capable d'un effort sérieux ; il y avait autre chose à faire qu'à attendre, et nul doute qu'à sa place beaucoup d'autres eussent agi d'une façon plus conforme aux exigences de la situation.

D'ailleurs, puisqu'il supposait que l'ennemi était à la poursuite du Maréchal, pourquoi ne se porta-t-il pas en avant pour s'efforcer, dans la mesure de ses moyens, de ralentir cette poursuite ? C'était encore le meilleur moyen d'assurer le débarquement de la division Maud'huy : c'était surtout, dans l'hypothèse de la marche sur Montmédy, le moyen d'inquiéter la gauche de la IIIe armée, conformément aux instructions du ministre.

Mais, dans cette matinée du 1er septembre, le général Vinoy ne paraît avoir eu d'autre idée que de savoir ce qui se passait, et, pour obtenir ce résultat, il envoya la meilleure moitié de ses troupes regarder dans la vallée, au delà de Villers : ce fut une reconnaissance sans caractère offensif et sans but bien défini pour un tel déploiement de forces.

Du côté des Français, on évitait donc l'action et les mesures fermes qui sont la résultante d'une volonté bien arrêtée. Chez les Allemands, au contraire, on recherchait le combat avec ardeur : l'issue de la lutte ne pouvait être douteuse.

La division wurtembergeoise se porte à Donchery.

Au moment où le général Vinoy se décidait à se porter en avant, la division wurtembergeoise, en position à Vivier-au-Court, recevait l'ordre du Prince royal (10 heures) de se porter à l'est dans la direction de Vrigne-aux-Bois pour couvrir la route de Donchery après le mouvement à droite des Ve et XIe corps. Puis un deuxième ordre, arrivé peu après, lui prescrivait de prendre position à Donchery même pour y former la réserve de l'armée.

Elle était ainsi bien éloignée du pont de Dom-le-Mesnil, et si l'aile gauche de la IIIe armée avait dû rétrograder à ce moment où les Français avaient encore quelque chance de la repousser, les cinq divisions allemandes et la 4e division de cavalerie, qui se trouvaient entre la presqu'île d'Iges et la Vrigne, n'auraient eu pour repasser sur la rive gauche que le pont fixe de Donchery et les deux ponts de bateaux de l'auberge de Condé.

Était-ce dans l'éventualité d'une retraite que le Prince royal faisait garder le pont de Donchery par une division ? On serait tenté de le croire, car cette réserve ne pouvait être d'un grand secours aux Ve et XIe corps dont le mouvement était excentrique, et dont elle allait se trouver éloignée de six à sept kilomètres au moins.

Elle ne pouvait non plus appuyer le reste de l'armée

dont le centre faisait face à Sedan, et dont la droite se reliait avec l'armée de la Meuse.

D'ailleurs le pont de Donchery n'avait pas grand' chose à craindre par la route venant de Mézières, car de ce côté devaient se trouver la 6e et la 2e division de cavalerie.

Tout paraît donc indiquer que la division wurtembergeoise avait mission de recueillir l'aile gauche allemande, au cas où celle-ci serait repoussée.

Comme sa cavalerie venait de lui signaler la présence des Français à Ville-sur-Lumes, le général d'Obernitz laissa à un détachement formé de deux compagnies de chasseurs et de deux escadrons, et commandé par le capitaine Sussdorf, le soin de couvrir son mouvement contre une attaque possible de l'ennemi.

Ce détachement se porta contre Ville-sur-Lumes; mais accueilli par des coups de fusil à son arrivée devant les petits bois situés en avant du village, il les déborda par le sud, et détermina par ce mouvement la retraite des francs-tireurs Mocquart qui se retirèrent sur Romery; deux pelotons de cavalerie se mirent à leur poursuite, mais ils furent bientôt arrêtés par un ravin profond et par les feux des maisons de Romery.

Le capitaine commandant cette petite colonne se contenta d'occuper Ville-sur-Lumes dont la plus grande partie ne tardait pas à être la proie des flammes, sans doute pour punir les habitants d'avoir laissé des francs-tireurs entrer dans le village.

Puis il porta une compagnie et quelques cavaliers

au pont de Lumes pour se garder dans la direction de Villers, où il voyait des troupes françaises ; il avait eu d'ailleurs à essuyer quelques coups de canon tirés des hauteurs qui dominent cette localité.

L'idée de couvrir le mouvement de la division wurtembergeoise était logique ; mais la façon dont s'est faite cette couverture le paraît moins. La division n'était pas menacée ; elle avait seulement à trois ou quatre kilomètres derrière elle des partis ennemis, dont elle ne connaissait pas la force, qui pouvaient l'inquiéter.

La mission du capitaine Sussdorf était d'empêcher cette menace de se réaliser en se portant du côté de l'ennemi, et en prenant position pour contenir l'attaque si elle venait à se produire.

Dès lors, pourquoi a-t-il attaqué, puisqu'il n'avait pas à dégager la division, afin qu'elle fût libre d'exécuter son mouvement ? Pourquoi surtout s'est il laissé entraîner à aller jusqu'à Ville-sur-Lumes qui est à quatre kilomètres de Vivier-au-Court ? Il a manqué de prudence, et il n'a pas gardé son sang-froid ; il n'a pas compris la situation, car la situation lui commandait d'observer et de rester sur la défensive jusqu'à ce que l'adversaire montrât sa volonté d'attaquer.

Il s'est jeté en aveugle sur Ville-sur-Lumes, sans savoir ce qu'il allait trouver devant lui. Avec ses deux compagnies il pouvait avoir affaire à des forces sérieuses qui, postées dans le village et dans les bois qui l'avoisinent, en auraient eu facilement raison. Forcé dans ces conditions de se retirer sur le gros de la division, à la suite d'un combat qu'il avait provoqué inutilement, il n'aurait donc pu remplir la mission qui lui était confiée.

En outre, il pouvait être entraîné loin du pont de Lumes qu'il avait à surveiller, et au besoin à défendre contre les troupes de Mézières qui, joignant leur action à celles qui occupaient Ville-sur-Lumes, pouvaient chercher à occuper rapidement le signal de Lumes, afin de prendre à revers la division wurtembergeoise.

Il était indiqué, autant par la situation tactique que par la nature du terrain, de ne pas s'éloigner du seuil que traversent les routes qui vont de Vivier-au-Court à Romery et à Ville-sur-Lumes. Ce terrain est boisé, et de ce point on a des vues dans toutes les directions.

Le capitaine Sussdorf aurait bien opéré s'il avait pris une position défensive dans les bois de la cote 225 pour assurer la première partie de sa mission, c'est-à-dire pour empêcher une attaque contre le gros de la division pendant le mouvement de celle-ci vers l'est; puis s'il s'était porté au signal de Lumes quand cette attaque n'aurait plus été à craindre, ou aurait été sans conséquence pour la division.

Du signal de Lumes, il pouvait surveiller à la fois la direction Ville-sur Lumes, Vivier-au-Court et le pont de Lumes, et, s'il était contraint de se retirer devant des forces supérieures, il aurait opéré sa retraite par la crête ferme de l'Espérance, signal de l'Epine, en se mouvant ainsi sur la corde de l'arc suivi par le gros de la colonne, et en tenant facilement les deux versants de cette grande croupe.

En opérant ainsi, il restait en outre dans le rayon d'action des deux compagnies préposées à la garde du pont de Dom-le-Mesnil.

Toutefois la manière dont cette opération fut conduite, montre une fois de plus l'esprit dont les officiers étaient animés dans l'armée allemande, leur initiative, leur tendance à chercher l'ennemi et à le prendre corps à corps, quand même la situation ne le comportait pas toujours. Malgré les inconvénients que cette façon de faire peut présenter quelque fois, c'est encore le meilleur moyen d'assurer le succès.

Attaque de la brigade Guilhem par les Wurtembergeois

Du camp de Mohon, la brigade Guilhem, avec six batteries, s'était portée au sud par les hauteurs; elle appuyait sa gauche à la route de Sedan, sa droite aux bois qui, à cette époque, couvraient la crête. Puis laissant dix-huit pièces en batterie à Villers, sans doute pour protéger sa retraite, elle avait envoyé *au loin*, dit le général Vinoy, des cavaliers du 6e hussards pour éclairer sa marche.

Cette expression *au loin* montre bien, qu'en 1870, nous ne savions pas nous servir de notre cavalerie, car ces cavaliers du 6e hussards ne paraissent pas avoir dépassé les Ayvelles qu'occupaient des uhlans, et les Ayvelles sont distantes de 1.500 mètres à peine de Villers; les pentes, la route et le terrain jusqu'à la Meuse sont d'ailleurs découverts et parfaitement vus de Villers où la route passe par un point dominant.

Ce furent ces pièces laissées à Villers qui envoyèrent quelques obus au détachement du capitaine Sussdorf opérant contre les francs-tireurs du bataillon Mocquart.

La brigade s'avança jusqu'au dessus des Ayvelles

que les uhlans avaient abandonnées, et paraît y être restée en position pendant un certain temps, puisqu'elle n'y fut attaquée que vers une heure et demie (après deux heures, relations allemandes) par un détachement de la division wurtembergeoise.

Mais on voit en effet avec quelle circonspection le général Vinoy ne montrait qu'une partie de ses forces, et combien il craignait de s'engager même pour savoir ce qui se passait, combien surtout, en laissant trois batteries à Villers, il était préoccupé de faire sa retraite. Cet ensemble de mesures contraste de la façon la plus frappante avec ce qui se passait chez nos adversaires sur cette partie du champ de bataille.

Pendant ce temps, le gros de la division wurtembergeoise se portait de Vivier-au-Court à Donchery.

Arrivé à Vrigne-Meuse, le général d'Obernitz était informé que des troupes françaises, sorties de Mézières, et qui étaient évaluées à deux bataillons et deux escadrons, menaçaient le pont de Dom-le-Mesnil. Il détachait aussitôt, pour s'opposer à leur mouvement, un régiment d'infanterie, un régiment de cavalerie et une batterie sous les ordres du général major de Huegel.

Evidemment, si les Allemands avaient cru à la présence du 13ᵉ corps à Mézières, ils auraient pris d'autres dispositions défensives contre lui ; en particulier, ce n'était pas avec un régiment d'infanterie et une batterie que le général d'Obernitz aurait eu la prétention d'arrêter son mouvement sur le pont de Dom-le-Mesnil. Il dut croire simplement à la présence, en avant de Mézières, de quelques troupes de la garnison, deux bataillons et deux escadrons, dit la relation allemande, et il leur opposa des forces un peu supérieures.

Mais si le commandant de la division wurtembergeoise a agi en connaissance de cause, il faut avouer qu'il a eu une conception saine et nette de la situation qui l'a porté à agir au mieux de l'ordre qu'il avait reçu.

Devant le danger qui le menaçait, il aurait pu être tenté de demander de nouvelles instructions afin de parer à l'attaque qui le menaçait, ou même de prévenir cette attaque à l'ouest de Flize pour l'éloigner du pont. Mais alors l'aile gauche allemande aurait été privée de la réserve sur laquelle comptait le Prince royal.

Il fallait, avant tout, exécuter l'ordre qui l'envoyait à Donchery, sauf à protéger simplement le flanc menacé en jetant sur Flize une colonne composée des trois armes destinée à arrêter pour quelque temps l'élan des Français ; de cette façon, il n'avait rien à craindre durant une heure ou deux peut-être, pendant lesquelles la situation aurait changé sur le champ de bataille de Sedan.

La première hypothèse paraît plus vraisemblable, et, ce qui la confirme, c'est la façon dont le général de Huegel s'acquitta de sa mission.

Dans tous les cas, la nécessité de l'envoi de ce détachement sur Flize montre que le général d'Obernitz commit une faute en ne faisant pas garder son pont par une force sérieuse jetée dès le matin à l'ouest de cette localité; car si la brigade Guilhem était allée de l'avant au lieu de faire une démonstration sans objet, ce détachement n'aurait même pu gagner Nouvion et la division wurtembergeoise eût été découverte.

Le général de Huegel détacha un bataillon sur Nouvion, et, avec le reste de sa colonne, il passa le pont et se jeta dans Flize.

Ce détachement d'un bataillon ne semblait pas indiqué puisque, d'une part, rien ne le menaçait sur la rive droite, et que, d'autre part, une compagnie préposée dès le matin à la garde du pont, était déjà établie à Nouvion ; d'ailleurs, le détachement du capitaine Sussdorf tenait les hauteurs dans la direction de Ville-sur-Lumes ; il y avait donc des garanties de ce côté.

Il estima sans doute que deux bataillons et une batterie lui suffisaient sur la rive gauche pour contenir les forces françaises qu'on avait estimées à deux bataillons également. Mais, quels que fussent les renseignements à ce sujet, il était de son intérêt de conserver le plus possible ses forces dans la main, car il ne pouvait savoir exactement ce qu'il allait trouver devant lui.

D'ailleurs, s'il avait été obligé de battre en retraite, il l'aurait certainement fait par la rive gauche, afin de couvrir la division et les ponts jetés en face de l'auberge de Condé : il risquait donc de ne pouvoir rallier le bataillon de Nouvion.

Au delà de Flize, le général de Huegel rencontra le 16e régiment de hussards, jeté des environs de Poix dans cette direction par la 6e division de cavalerie.

D'après les renseignements recueillis, il pensa que les Français avaient pris position aux Petites-Ayvelles.

Il n'hésita pas à les attaquer ; à deux heures et demie, la batterie qui faisait partie de sa colonne ouvrait le feu contre ce village, puis les deux bataillons se portaient en avant.

La brigade Guilhem, qui occupait les bouquets de bois sur la hauteur au nord des Petites-Ayvelles, accueillit les Wurtembergeois par des feux nourris ; mais elle ne réussit pas à arrêter leur élan. Ils dessinèrent un mouvement tournant par le bois des Trois-Communes sur le flanc droit des Français qui battirent en retraite.

Ici, l'attaque du général major se conçoit bien. Il a une double mission : protéger le pont de Dom-le-Mesnil, et, s'il ne réussit pas, empêcher le gros de la division d'être inquiété par l'attaque que l'on prévoit.

Cette mission sera remplie s'il peut se maintenir à Flize ; mais cette condition impose la nécessité d'être maître des hauteurs au nord-ouest, c'est-à-dire de la lisière nord des bois de Flize et de la cote 193, car ce village, situé au pied des pentes, n'offre pas de résistance par lui-même contre une attaque venant du nord-ouest.

Mais, attendre à la lisière des bois cette attaque qui paraît imminente, ne suffit pas au général de Huegel, car il veut gagner du temps et aussi de l'espace dans la direction de Mézières, éloigner la menace en allant au devant d'elle, et forcer l'adversaire à devenir défenseur au lieu d'assaillant.

Ce qu'il faut, c'est l'empêcher de monter sur la croupe 193-188 ; de là, l'attaque des Petites-Ayvelles que le général croyait occupées.

S'il est obligé de battre en retraite, les bois lui offrent une position de recueil favorable, et il aura gagné du temps avant d'y être rejeté. D'ailleurs, il appuie sa droite à la Meuse, et la 6ᵉ division de cavalerie peut garder son flanc gauche.

Voilà pour le côté tactique.

Il y a l'autre, le côté moral.

La mission de la petite colonne wurtembergeoise devait être une mission de dévouement : à tout prix, il fallait arrêter, tout au moins retarder l'attaque qui pouvait arriver jusqu'au pont ; son rôle devenait ainsi celui de la cavalerie qui charge pour arrêter l'élan de l'ennemi.

D'ailleurs, c'est une manière de s'imposer à un adversaire qui ne pratique pas beaucoup l'offensive depuis le commencement de la campagne.

A ces deux points de vue, l'opération du général de Huegel a été bien comprise et bien menée.

Du côté français, on ne paraît pas s'être bien rendu compte des forces que l'on avait devant soi ; d'après le général Vinoy, la colonne wurtembergeoise ouvrit le feu avec plusieurs batteries, et la brigade Guilhem se replia sur la gare de Mohon, à cause des forces ennemies qui augmentaient à chaque instant.

La relation allemande dit que cette brigade abandonna ses sacs et se replia en désordre sur Villers-devant-Mézières, poursuivie par les obus de la batterie wurtembergeoise.

Le général de Huegel avait donc parfaitement raisonné ; il atteignit sans peine et à bon compte le but qu'il poursuivait, grâce à son esprit d'initiative et à son audace : avec deux bataillons et une batterie, il avait forcé six bataillons de bonnes troupes et six batteries à céder devant sa volonté d'être le maître de la situation,

Voilà le résultat de la reconnaissance ou de la démonstration on ne sait de quel nom appeler cette prise d'armes, qu'avait faite le 13e corps dans la journée.

Quant à la brigade Susbielle, qui était restée dans son camp, le général Vinoy, la trouvant trop exposée sur le plateau de Berteaucourt, la faisait rentrer dans les ouvrages avancés de la place à la suite de cette sortie malheureuse de la brigade Guilhem qui avait eu pour conséquence d'amener les Wurtembergeois jusque sous Mézières ; c'était vraiment l'extrême limite de la circonspection.

S'il faut en croire la relation du grand quartier général, ces opérations des Wurtembergeois auraient empêché les troupes du général Vinoy de prendre part à la bataille de Sedan. La connaissance des faits montre suffisamment que ce dernier n'eut pas un instant l'idée de prendre part à cette bataille : les moyens qu'il mit en œuvre le prouvent assez d'ailleurs. Dans l'armée française on ne marchait pas au canon ; ce n'était malheureusement pas la première fois qu'on pouvait le constater depuis l'ouverture des hostilités.

Après la retraite du général Guilhem.

Après la retraite du général Guilhem, entre trois et quatre heures, qui avait reçu l'ordre de défendre la gare de Mohon s'il y était contraint, les détachements wurtembergeois se rassemblèrent, ceux de la rive gauche à Flize, ceux de la rive droite à Nouvion, continuant à couvrir le gros de la division qui, pendant ce temps, avait pris position à Donchery avec la 4ᵉ division de cavalerie et la 2ᵉ, cette dernière venue entre temps de Dom-le-Mesnil; elle constituait une réserve générale derrière l'aile gauche de la ligne de bataille de l'armée allemande.

Le général Vinoy n'eut des renseignements sur la situation qu'au commencement de l'après-midi; il apprit d'abord approximativement par des agents de l'administration venus de Vrigne-aux-Bois, le passage de forces considérables dans cette localité et l'occupation des hauteurs au-dessus de Vivier-au-Court par la division wurtembergeoise.

Puis le parc d'artillerie du 5ᵉ corps, évacué sur Mézières au commencement de la journée par suite de l'ordre donné par le général Ducrot, arriva dans cette place par la vallée de la Meuse, au nord de Charleville; malgré les coureurs ennemis, ce parc avait pu gagner Nouzon où il avait passé la rivière.

A deux heures, le sous-chef d'état-major du maréchal de Mac-Mahon, colonel Tissier, arrivait, lui aussi, à Mézières; cet officier supérieur qui emportait des papiers, avait quitté le champ de bataille à neuf heures, au moment où l'armée française, à peu près cernée de toutes parts, allait sans doute subir un désastre, car, selon lui, l'issue de la bataille ne pouvait paraître douteuse.

Et en effet, dans l'après-midi, des fuyards de toutes armes dont beaucoup avaient jeté leurs armes et leurs munitions, envahissaient la ville, affolés, démoralisés, au nombre de 10.000 environ ; tous s'accordaient à dire que l'armée française était écrasée.

CHAPITRE VI

Journée du 1er septembre (suite).

SOMMAIRE

Le général Vinoy prend la résolution de battre en retraite.
Situation des forces allemandes le 1er septembre au soir.
Discussion sur le choix de la ligne de retraite.
Organisation de la colonne.

Le général Vinoy prend la résolution de battre en retraite.

Vers le soir, le doute n'était plus permis au général Vinoy ; l'espoir que l'armée française avait réussi à rompre le cercle de fer qui l'enveloppait, pour marcher sur Montmédy, l'était moins encore.

Sa situation allait devenir critique et « la prudence, dit-il, faisait un devoir au Général en chef de prendre, sans perdre un instant, ses mesures tout comme s'il avait eu la certitude la plus absolue du désastre immense que l'on prévoyait. »

Il télégraphia immédiatement au Ministre de la guerre ce qu'il savait des événements, et lui fit part de son intention de battre en retraite. Il en reçut aussitôt le télégramme suivant : « Dans les circonstances actuelles, je vous laisse maître de vos mouvements en ce qui concerne le 13e corps d'armée. Faites évacuer les fuyards sur Laon ; je compte que Mézières saura tenir ».

Il ne fallait plus songer à achever le rassemblement des troupes dans cette ville, bien que la division de Maud'huy eût commencé son mouvement dans la matinée même, car étant données la proximité des armées allemandes victorieuses et la lenteur des transports, il eût été surprenant que ce rassemblement ne fût pas inquiété ; voilà le premier point qui se présentait à l'esprit.

Dès lors, le général Vinoy se trouvait en présence de deux solutions : attendre à Mézières avec la division Blanchard qu'on eût des renseignements précis sur les événements de la journée, afin de prendre la détermination en conséquence, ou battre en retraite immédiatement pour opérer en arrière la concentration du 13e corps.

Dans les circonstances périlleuses où le général Vinoy, abandonné à son inspiration, se trouvait au moment de prendre une résolution, la première solution pouvait tenter au premier abord, car la division Blanchard, établie dans l'enceinte, était en sûreté pendant quelques heures, pendant un ou deux jours peut-être, pendant lesquels la connaissance exacte de la situation dicterait sa conduite au commandant du 13e corps.

Mais aussi il avait la presque certitude d'y être enfermé, car les Allemands ne manqueraient pas de cerner la place dès qu'ils en seraient informés ; dès lors le 13e corps n'existait plus, il était coupé en trois tronçons dont la meilleure partie et la plus solide devenait une garnison de défense.

Mézières, d'ailleurs, n'avait pas de place et surtout pas d'abris pour 12.000 hommes ; elle était très resserrée et n'avait pas de dégagements. Les troupes y eussent été entassées. Ses moyens de défense n'offraient pas non plus la garantie d'une résistance sérieuse, dominée qu'elle est sur presque tout son pourtour.

Peut-être la division aurait-elle pu organiser la défense de Charleville, s'y maintenir, créer ainsi une seconde place à côté de la première, et augmenter ainsi le rayon d'action de celle-ci vers le nord; mais ce n'était pas de ce côté que Mézières était surtout menacée, et on ne pouvait guère, à cause des méandres de la Meuse, faire une défense mobile efficace pour empêcher l'ennemi d'occuper les points dangereux.

Le 13e corps, en outre, n'ayant pas son parc de réserve, aurait manqué de munitions à bref délai; la place en avait à peine en nombre suffisant pour sa faible garnison de défense. Bien plus, les vivres auraient fait défaut au bout de quelques jours.

Ces considérations étaient importantes sans doute, mais il y en avait une autre, capitale celle-là : c'est que les troupes de campagne ne doivent pas céder à l'attraction bien naturelle qu'exercent les places fortes pour y chercher un refuge si elles ne veulent pas être annihilées.

Tout conseillait donc la retraite.

Sans doute l'héroïsme aurait trouvé son compte dans une troisième solution : le général Vinoy aurait pu se jeter sur l'ennemi pendant la nuit ou le lendemain au point du jour; mais quel eût été le résultat de cette folie? Simplement l'anéantissement de ses 12.000 hommes, la perte d'une unité dont la France avait plus besoin que jamais.

Le Général avait laissé échapper le moment où il aurait pu jouer un rôle de quelque utilité dans la bataille de Sedan, et vouloir jouer ce rôle après coup eût été de l'enfantillage, un coup de tête sans autre portée que d'augmenter les conséquences de la catastrophe où avait sombré l'armée de Châlons.

Rendu à lui-même, libre de ses mouvements, le commandant du 13e corps fit preuve en cette circonstance solennelle d'un rare esprit de décision et d'une énergie peu commune : il décida de battre en retraite sur Laon sans perdre un instant. Ses talents de véritable homme de guerre allaient se déployer dans une opération périlleuse qui demandait du sang-froid et la vision nette de la situation.

« A six heures du soir, dit-il, le Général en chef avait pris cette grave et extrême résolution : les premiers ordres du départ furent aussitôt donnés, les troupes qui se trouvaient au dehors furent rappelées dans la place dont on ferma rigoureusement les portes, pour empêcher toute communication avec l'extérieur. »

La retraite allait être immédiate, car il fallait fuir au plus vite une situation que l'on était incapable d'affronter; elle devait commencer dans la nuit, dès qu'on aurait pris les dispositions indispensables pour l'organisation du mouvement.

Une des premières conditions de réussite, c'était le secret. Il fallait non seulement empêcher que l'ennemi fût informé des intentions du Général, mais aussi faire en sorte qu'il connût le mouvement du 13e corps le plus tard possible, et le meilleur moyen d'y arriver, c'était évidemment de rompre les relations avec l'extérieur jusqu'à l'heure fixée pour le départ.

La division d'Exéa, qui était à Reims depuis le 26 août, avait une mission particulière à remplir qu'elle tenait plus du Ministre que du commandant du 13ᵉ corps. Celui-ci n'avait pas à se préoccuper d'elle pour sa concentration sur Laon; il n'avait d'ailleurs pas de relations avec elle, et il ignorait ses mouvements.

Il n'en était pas de même de la division de Maud'huy qui, dans la journée même, avait commencé son mouvement par chemin de fer pour rallier le quartier général du corps d'armée à Mézières, et il était important de ne pas la laisser continuer sur cette place. Des ordres furent donc donnés sans perdre de temps pour faire rétrograder sur Laon tous les trains qui se trouvaient entre Mézières et cette ville où la division Maud'huy dut attendre la division Blanchard.

On ne pouvait songer, bien entendu, à utiliser la voie ferrée pour battre en retraite; on n'en avait ni le temps ni les moyens nécessaires à plus de 20.000 hommes et à toute l'artillerie d'un corps d'armée.

Le Général prit la résolution de faire deux colonnes : celle des fuyards au nombre de 10.000 environ, avec les voitures échappées de Sedan, devait prendre la route d'Hirson par la vallée de la Sormonne, pour gagner Avesnes, puis Laon. L'autre colonne, formée par les troupes du corps d'armée, suivrait la route de Paris en passant par Rethel et Neufchâtel.

L'intendant avec les malades et les blessés, le chef du génie avec la compagnie du génie de la division Blanchard, furent seuls évacués sur Laon par chemin de fer, car ils devaient, aussitôt arrivés, pourvoir, chacun selon ses fonctions, aux moyens de défense les plus urgents et aux approvisionnements en vivres du corps d'armée.

Quelque utile que dût être à Laon la compagnie du génie, sa présence paraissait mieux indiquée dans une colonne qui allait battre en retraite à travers ce pays mouvementé des Ardennes, presque sous le feu de l'ennemi, et il est heureux que par suite des circonstances on n'ait pas eu à regretter son absence.

La désorganisation des éléments échappés de Sedan était si complète que le commandant du 13e corps n'avait pas cru pouvoir les utiliser ; beaucoup n'avaient plus d'armes ni de munitions, et ces hommes semblaient si hors d'eux-mêmes, si démoralisés par les événements lamentables dont ils venaient d'être témoins, que leur présence pouvait être dangereuse dans une colonne composée par moitié d'éléments inexpérimentés et susceptibles d'impressions vives.

Telle fut du moins l'opinion du commandement, et il semble en effet que tout en regrettant qu'on n'ait pu utiliser, sinon la totalité, du moins le plus grand nombre de ces anciens soldats que l'exemple de la brigade Guilhem aurait pu réconforter, il n'ait pas été possible de faire autrement.

D'ailleurs le temps manquait pour une organisation quelconque à improviser. La nuit était venue ; c'était un entassement d'hommes dans Mézières.

Le désordre et la panique parmi les fuyards étaient indescriptibles.

On réussit cependant à organiser la colonne, ou mieux une troupe débandée dont le départ de Mézières à neuf heures du soir donna lieu à de nombreux désordres : le bruit de cette cohue et des voitures s'entendait encore de la ville alors que la colonne était déjà fort loin.

Pendant ce temps, les troupes du 13e corps recevaient quatre jours de vivres, et le départ leur était signifié pour minuit, au moment même où le général Vinoy faisait connaître ses résolutions aux diverses autorités civiles et militaires qu'il avait convoquées.

Il était alors onze heures du soir. « Il déclara qu'il avait dû garder, par les dispositions qu'il avait prises, le secret le plus absolu; qu'il regrettait de laisser la place dans la faible position de défense où elle allait se trouver, mais que les circonstances lui imposaient impérieusement l'obligation de partir. »

Situation des forces allemandes le 1er septembre au soir.

Le choix de la route de Rethel comme ligne de retraite est resté inexplicable; le Général lui-même n'a donné aucune raison qui pût le motiver. En prenant cette route, on allait au devant des difficultés, car il fallait faire une marche de flanc des plus périlleuses.

En effet, la situation des forces allemandes avec lesquelles on pouvait avoir affaire était la suivante dans la soirée du 1er septembre :

1º La division wurtembergeoise cantonnait à Donchery;

2º La 6e division de cavalerie tenait avec son gros le terrain entre Boutancourt et Poix; le 6e régiment de cuirassiers, qui cantonnait à Yvernaumont, avait un escadron à Guignicourt sur la rive gauche de la Vence, et le 15e régiment de uhlans occupait Raillicourt, à l'ouest de Poix, à deux ou trois kilomètres de la vieille route de Rethel; rien n'était donc plus facile à cette division que de couper cette route, ou tout au moins d'inquiéter sérieusement la colonne qui devait la suivre;

3° La 5e division de cavalerie, au sud de la 6e, avait ses cantonnements au Chesnois, à Tourteron et à Ecordal, au nord de l'Aisne; le régiment de hussards de Brunswick, qui la veille avait coupé la voie ferrée de Reims à Rethel au Châtelet, était à Pauvres;

4° Le VIe corps tenait l'Aisne à Attigny et à Voncq, et menaçait Rethel, son flanc gauche gardé par le régiment de hussards de Brunswick de la 5e division.

Le général de Tümpling, qui le commandait, croyait que cette ville était encore occupée dans la journée du 1er septembre, car des reconnaissances d'officier, envoyées le matin même d'Attigny, avaient rapporté qu'il s'y trouvait un bataillon prêt à partir par un train qui devait l'amener sur Reims, et que les Français s'efforçaient de remettre en état les sections de la voie ferrée qui avaient été détruites au sud de Rethel : ce bataillon était, en réalité, parti dans la nuit.

A la suite de ces renseignements, le général commandant le VIe corps projeta un coup de main sur cette ville; il en chargea le lieutenant-général de Hoffmann, commandant la 12e division qui, dans la soirée du 1er, se mettait en mouvement dans cette direction avec cinq bataillons et demi, trois escadrons et deux batteries répartis en plusieurs colonnes.

Discussion sur le choix de la ligne de retraite.

Le général Vinoy pouvait donc avoir sur les bras des forces considérables qu'il aurait évitées en prenant une autre ligne de retraite. Il est vrai qu'il n'était pas renseigné sur la position des forces ennemies, puisqu'il ne pensait qu'à éviter la division wurtembergeoise qu'il ne savait pas à Donchery, et le parti avec lequel il avait eu affaire la veille aux environs de Poix.

Il ignorait non seulement les mouvements de l'adversaire au sud de Mézières, mais encore ceux de la division d'Exéa, et il pouvait croire, bien que ce fût douteux, que Rethel était toujours occupée par un bataillon de cette division.

Aussi devait-il avoir la conviction que le danger n'existerait que dans la première partie de la marche, jusqu'à Launois, par exemple, où se rejoignent la vieille et la nouvelle route de Mézières à Rethel. Jusque là, sans doute, on prêterait le flanc, mais cette partie de la route allait se faire pendant la nuit, et lorsque l'ennemi, au cas où il serait prévenu à temps, serait en situation d'agir, la colonne n'aurait plus à le craindre que sur ses derrières.

En admettant même qu'elle fût attaquée entre Mézières et Launois, elle avait l'avantage du terrain, car la route suit les crêtes, commande les longues pentes qui montent de la Vence et offre de nombreuses positions défensives.

C'étaient là évidemment des considérations sérieuses en faveur de la ligne de retraite adoptée, mais il y manquait un élément d'appréciation capital : la connaissance de la situation dans la vallée de la Vence et à Rethel. En réalité, c'était au matin, et aux environs de cette ville, que le 13e corps devait courir des dangers.

Si son chef avait été tenu au courant des mouvements de la division d'Exéa, et en particulier du bataillon qu'elle avait détaché à Rethel, il n'eût certainement pas battu en retraite vers le sud d'abord pour se rabattre ensuite à l'ouest.

Cette ignorance de la situation allait l'amener à deux doigts d'un désastre.

Il se crut obligé de faire deux colonnes pour évacuer Mézières, et son idée dominante fut de protéger la colonne des fuyards avec celle des combattants en prenant deux directions divergentes : « Quand un général est obligé de battre en retraite, dit-il, il doit se préoccuper avant tout de tromper l'ennemi par le choix de deux routes différentes, et autant que possible divergentes, afin d'empêcher ou au moins de contrarier la poursuite dont il peut être l'objet. »

Aussi avait-il choisi deux routes faisant entre elles un angle droit en s'éloignant de Mézières.

Ces deux routes impériales avaient l'avantage d'être faciles, mais elles étaient trop divergentes pour que la division Blanchard assurât efficacement la sécurité de la colonne qui se dirigeait sur Hirson; une fois engagée dans la direction de Rethel, elle ne pouvait empêcher des partis de cavalerie, passant derrière elle au sud de Mézières, de gagner la route d'Hirson, et de disperser cette colonne en s'emparant du matériel qu'elle traînait à sa suite.

Aussi pouvait-on seulement espérer tromper l'ennemi en lui cachant l'existence de la troupe des fuyards; mais il n'était pas nécessaire de le côtoyer et de s'offrir à ses coups pour atteindre ce seul résultat.

Puisque Laon était l'objectif du 13e corps, il fallait gagner le plus tôt possible la Serre, affluent de l'Aisne qui, à l'ouest de la Meuse, ouvre la route conduisant à cette place : on aurait atteint cette rivière soit directement par Liart, soit par son affluent de gauche, le Hurtaut, en passant par Signy-l'Abbaye.

Les chemins qui y conduisent de Mézières étaient en bon état, et le terrain on ne peut plus favorable à une marche en retraite, car il est très mouvementé, les pentes y sont raides et les bois ou bouquets de bois nombreux.

La direction de Liart mettait presque immédiatement le 13e corps en dehors de la zone d'action des forces allemandes. Celle de Signy-l'Abbaye est parallèle à la vieille route de Rethel sans doute, mais elle se trouve à une distance moyenne de la Vence de douze kilomètres, et, en partant la nuit, on pouvait bien espérer gagner Signy avant que l'ennemi fût en situation de l'attaquer. Dans tous les cas, on n'aurait eu guère à craindre que sa cavalerie.

Arrivée à Liart ou à Signy-l'Abbaye, la colonne pouvait se dérober immédiatement derrière le massif des bois qui couronnent la dernière terrasse des Ardennes du côté de l'Aisne. Là, elle était en sûreté; il lui était facile de gagner Laon, soit directement en traversant les marais de Sissonne, soit en passant par Marle, où elle aurait trouvé la voie ferrée qu'on avait utilisée pour son transport de Paris à Mézières.

Pour arriver à Laon directement, l'itinéraire par Liart passe par Rozoy-sur-Serre, Montcornet et Notre-Dame-de-Liesse; celui par Signy-l'Abbaye, un peu plus long, coupe à Fraillicourt la route de Château-Porcien à Rozoy, suit le Hurtaut jusqu'à Noircourt, d'où il rejoint Sissonne par le Thuel, Dizy-le-Gros et Lappion.

On pourrait croire tout d'abord que ces deux directions sont plus courtes que la route de Rethel et de Neufchâtel, et qu'à ce point de vue le général Vinoy avait intérêt à adopter l'une d'elles; mais cette question ne peut entrer en ligne de compte, car les trois routes qui s'offraient à lui, en dehors de celle d'Hirson, pour gagner Laon, ont à peu près la même longueur : elles comptent de 90 à 100 kilomètres environ.

La seule considération à examiner dans cette discussion, consiste donc dans l'obligation qu'avait le commandant du 13e corps de se soustraire le plus tôt possible aux coups de l'ennemi.

Incontestablement, les directions de Liart et de Signy-l'Abbaye le mettaient presque immédiatement hors de ses atteintes, et il n'avait plus rien à craindre à partir de ces localités qui sont distantes de Mézières respectivement de trente-deux et de vingt-huit kilomètres.

S'il ne connaissait pas la présence au sud de cette place de la 5e division de cavalerie et du VIe corps, il savait du moins que la voie ferrée de Reims avait été coupée à plusieurs endroits, et il devait s'attendre à être inquiété tout au moins jusqu'à Rethel qui est à quarante et un kilomètres de Mézières.

En outre, l'occupation de Rethel par le bataillon de

la division d'Exéa devait lui sembler douteuse, car il était difficile à cette troupe de se maintenir au milieu des forces ennemies qui menaçaient de la couper de Reims.

Aussi, de quelque façon que l'on envisage la situation, les directions de Liart et de Signy-l'Abbaye remplissaient le but qui s'imposait au général Vinoy; elles étaient divergentes avec la route d'Hirson; elles permettaient de protéger plus efficacement que la route de Rethel la colonne des fuyards; mais surtout elles mettaient la division Blanchard à l'abri d'une attaque et d'une poursuite immédiates.

On a essayé d'expliquer le choix du général Vinoy en lui prêtant l'intention de rallier la division d'Exéa le plus tôt possible pour opposer à l'ennemi, le cas échéant, la plus grande partie des forces de son corps d'armée. Ce n'est guère admissible.

Cette division ayant une mission particulière sur un théâtre d'opérations distinct de celui où se trouvait le 13e corps proprement dit, était sous les ordres directs du Ministre, et n'avait pas eu de relations avec le Général en chef, puisque celui-ci n'apprit que le 2 septembre au matin la retraite du bataillon de Rethel sur Reims, et, le 4, celle de la 1re division tout entière sur Soissons.

S'il avait eu l'idée de rallier cette division, il n'eût pas manqué de lui faire parvenir des ordres dans la soirée du 1er septembre, et de lui indiquer en particulier un point de ralliement à l'ouest de la voie ferrée de Reims à Rethel : c'était indispensable, et rien n'était plus facile que de communiquer par Paris avec le général d'Exéa.

Le général Vinoy n'en parle pas : il s'est borné à donner des ordres pour faire rétrograder sur Laon la division de Maud'huy, et ne paraît pas s'être occupé de la 1re division dont il n'avait pas de nouvelles depuis plusieurs jours.

D'ailleurs, cette division ne pouvait lui être utile pour sa retraite; en admettant qu'elle fût encore à Reims, elle était trop loin pour le soutenir, puisque, ne craignant l'ennemi que pendant les premières heures de sa marche, il devait être persuadé qu'arrivé à Rethel il serait en sûreté.

On peut donc dire que le choix de la ligne de retraite par Rethel est le résultat d'une erreur, et que cette erreur provient du manque de préparation d'une opération extrêmement délicate que le commandant du 13e corps n'eut pas le temps d'envisager sous toutes ses faces.

Dans les circonstances où il se trouva brutalement jeté, il ne dut voir, pour faire son mouvement, que les deux grandes directions du sud et de l'ouest suivies par des routes impériales, et il ne crut pas possible sans doute d'engager sur celle d'Hirson la colonne des combattants à la suite de la colonne des fuyards.

La chose était cependant possible en donnant quelques heures d'avance à cette dernière. Il ne paraissait guère probable que les Allemands fussent tentés de se lancer dans la direction du nord-ouest, au delà de la place de Mézières qu'ils auraient dû contourner pour rejoindre la route d'Hirson; tout au plus auraient-ils chargé de la cavalerie de la poursuite, et, en moins d'une journée de marche, on eût été hors de leur atteinte.

De plus, en longeant ainsi une voie ferrée qui pouvait être utilisée pour évacuer les traînards et les hommes trop fatigués, on aurait allégé la colonne du poids mort qu'elle dut traîner à sa suite pendant sa retraite. On pouvait craindre peut-être que les fuyards ne retardassent la marche du 13e corps; mais quelques inconvénients que l'on pût prévoir, mieux valait cette solution que la retraite sur Rethel, puisque cette dernière direction était la seule qu'il ne fallait pas prendre.

Organisation de la colonne.

L'ordre de marche de la colonne formée par la division Blanchard et par l'artillerie avait été fixé de la manière suivante, d'après le général Vinoy qui ne mentionne pas les deux compagnies de marche de chasseurs à pied :

```
42e de ligne      (avant-garde).
Deux batteries.
Un bataillon      (13e régiment de marche).
Quatre batteries.
Deux bataillons   (13e régiment de marche).
Quatre batteries.
Deux bataillons   (14e régiment de marche).
Deux batteries.
35e de ligne      (arrière-garde).
Gros du 6e hussards formant extrême arrière-garde.
```
Ce régiment avait, en outre, des éclaireurs en avant et sur les flancs.

Chacun des deux généraux de brigade exerçait son commandement sur une moitié de la colonne, de façon à avoir sous ses ordres un régiment de ligne, un régiment de marche et six batteries; le général Guilhem était à l'avant-garde, le général Susbielle à l'arrière-garde.

Le général Vinoy a pris soin de donner les raisons de cet ordre de marche qui a tout au moins l'apparence de la bizarrerie. Il encadrait avec raison la colonne entre les deux régiments sur lesquels on pouvait le plus compter; puis il intercalait l'artillerie dans les deux régiments de nouvelle formation afin de donner plus d'assurance aux troupes par la réunion des deux armes pouvant se prêter un mutuel appui.

Mais la raison dominante, c'est que le commandant du 13e corps craignait surtout une attaque de flanc. « Comme il n'était possible, dit-il, de prendre qu'une seule route pour masquer le mouvement de retraite, que cette route était boisée dans presque tout son parcours, coupée de ravins et très encaissée, il fallait nécessairement, si on était attaqué sur un point quelconque, être en état de se défendre et de faire face à l'ennemi dans tous les sens. »

Ces indications sur la nature de la route qu'allait suivre la colonne ne sont pas toutes exactes; elle coupe en effet un assez grand nombre de ravins, mais elle n'est pas encaissée; elle suit, au contraire, la ligne des crêtes ou s'élève sur les pentes qui descendent vers la Vence et vers l'Aisne et ses affluents.

Au lieu d'être boisée, elle est au contraire très découverte; jusqu'à Launois, elle traverse seulement pendant deux kilomètres le massif des bois qui descendent sur la Vence à la hauteur de Guignicourt, et, au sud de Launois elle longe, pendant un kilomètre environ, les forêts qui s'étendent à l'est vers Omont et Vendresse.

« D'ailleurs, un motif plus grave que le général commandant et son chef d'état-major étaient seuls à connaître, avait rendu cet ordre de marche indispensable : en effet, les troupes avaient usé, dans les quelques escarmouches qui avaient eu lieu sous Mézières, presque tout leur approvisionnement en cartouches, et il n'était pas possible de le leur renouveler; le parc de réserve, qui se trouvait à la gauche du convoi, était encore engagé sur la voie du chemin de fer. Si une attaque avait eu lieu pendant la marche, on ne pouvait donc songer à se défendre qu'à coups de canon, car l'artillerie avait heureusement encore presque toutes ses munitions de combat. »

Ainsi le général Vinoy ne pensait qu'à une attaque de flanc en organisant sa colonne, et il voulait suppléer au fusil par le canon sur tous les points de son développement. Cependant il ne craignait cette attaque que jusqu'à Launois, c'est-à-dire pendant une vingtaine de kilomètres seulement, et elle ne pouvait avoir lieu que si les Wurtembergeois, cantonnés à proximité de la route, avaient été avertis à temps.

Dans ce cas même, le plus défavorable qu'il fût permis de supposer, il leur aurait fallu un certain temps pour réunir leurs forces au milieu de la nuit, et il était admissible que leurs efforts n'auraient guère pu se produire que contre l'arrière-garde.

Mais le récit du Général montre d'une façon évidente qu'il croyait la division wurtembergeoise à proximité de Mézières, et qu'il redoutait son attaque dès la sortie de la ville malgré les mesures qu'il avait prises pour garder le secret de sa retraite, et malgré sa marche de nuit.

Il semble qu'il a trop sacrifié à la crainte d'une attaque de flanc, et qu'il n'a pas assez prévu le cas beaucoup plus probable d'une poursuite de l'ennemi, dès que celui-ci aurait connaissance de son mouvement.

L'ordre de marche adopté avait d'abord le grand inconvénient de modifier le commandement des généraux de brigade et de morceler le 13ᵉ de marche ainsi que les unités d'artillerie. En cas de combat, la cohésion des troupes devait en être amoindrie. Il augmentait la longueur de la colonne dont il isolait les unes des autres les diverses parties.

De plus, la proportion d'artillerie à l'arrière-garde n'était pas assez forte; il n'y avait, en effet, à proximité du 35ᵉ que deux batteries dont une de mitrailleuses. Or, dans tous les cas possibles, même dans celui d'une attaque de flanc, c'était l'arrière-garde qui en avait le plus besoin

Etant donnée la nécessité d'encadrer la colonne entre les deux régiments de vieille formation, on pouvait l'organiser en évitant ces inconvénients, tout en intercalant suffisamment l'artillerie dans l'infanterie. L'arrière-garde aurait eu avec elle l'artillerie des deux divisions, soit six batteries, dont deux de mitrailleuses pour suppléer au manque de cartouches du 35ᵉ.

Puisque le général Vinoy ne voulait pas de combat, les pièces de 4 n'auraient pas eu à soutenir de lutte contre l'artillerie ennemie à laquelle elles étaient inférieures, mais elles auraient suffi à maintenir à distance la cavalerie et l'infanterie, et leur mobilité les indiquait tout à fait pour ce rôle.

L'avant-garde, au contraire, pouvait avoir à s'ouvrir un passage, et il convenait de lui donner deux batteries de 12; les deux autres batteries de 12 et les deux batteries de 4 de la réserve d'artillerie auraient formé un groupe de quatre batteries au centre, entre les deux régiments de marche.

De plus, si des raisons particulières ne s'y étaient pas opposées, le 13e de marche aurait pu prendre la place du 14e, car il avait trois bataillons, et il semblait rationnel, pour une marche de ce genre, de constituer plus solidement la deuxième partie de la colonne que la première, puisque dans tous les cas c'était évidemment elle qui devait supporter le principal effort de l'ennemi.

L'ordre de marche eût été le suivant avec cette manière d'envisager la question :

Un escadron du 6e hussards, faisant de la sûreté à un ou deux kilomètres.

Un bataillon du 42e.................. ⎫
Deux batteries de 12 .... ⎬ Avant-garde.
Deux bataillons du 42e .... ⎭

14e régiment de marche (deux bataillons) .... ⎫
Deux batteries de 4 .... ⎱ de la ⎪
Deux batteries de 12 .... ⎰ réserve ⎬ Gros.
                                  d'artillerie. ⎪
13e régiment de marche (trois bataillons)........ ⎭

Deux compagnies de marche de chasseurs à pied .. ⎫
Trois batteries, dont une de mitrailleuses .... ⎪
Un bataillon du 35e........................... ⎬ Arrière-garde.
Trois batteries, dont une de mitrailleuses........ ⎪
Deux bataillons du 35e....................... ⎪
Trois escadrons du 6e hussards................ ⎭

De cette façon les deux régiments de marche restaient entiers; le 14e était intercalé entre deux bataillons du 42ᵉ et l'artillerie, le 13ᵉ dans l'artillerie. En cas d'attaque, les quatre batteries du centre reliaient bien la première partie de la colonne avec la deuxième, et pouvaient prêter leur appui à l'une ou à l'autre, suivant les circonstances.

En outre, l'avant-garde et l'arrière-garde que formaient en grande partie les deux régiments de ligne, ayant au milieu d'elles leur artillerie, étaient constituées plus solidement, l'arrière-garde surtout. Or, c'étaient ces deux régiments qui avaient donné le 31 août et le 1ᵉʳ septembre, et qui avaient épuisé leurs munitions; ils devaient donc se défendre surtout par des feux d'artillerie.

Quant aux deux compagnies de marche de chasseurs, on pouvait avec avantage les mettre à l'arrière-garde, car elles offraient des qualités de résistance qu'elles montrèrent pendant la retraite : elles avaient en outre toutes leurs cartouches.

L'avant-garde et l'arrière-garde devaient être à quelques centaines de mètres seulement du gros, de façon à restreindre le plus possible la longueur de la colonne, surtout jusqu'à Launois, trajet pendant lequel on s'attendait certainement à être attaqué du côté de la Vence.

Quant à la cavalerie qui enveloppait le 13ᵉ corps, elle devait se borner à faire de la sûreté à petite distance, et éviter sur les flancs les villages où pouvaient s'être arrêtées pour la nuit des patrouilles ennemies.

Ainsi, la colonne aussi concentrée que possible, marchant avec le moins de bruit possible, et la sûreté s'exerçant dans un rayon restreint indispensable pour ne pas tomber dans un parti ou dans une embuscade, tels étaient les éléments nécessaires pour assurer la sécurité de la marche jusqu'au matin, où, selon le général Vinoy, elle devait être hors de danger, puisqu'elle aurait dépassé les Wurtembergeois et la cavarie qu'il présumait dans la vallée de la Vence.

CHAPITRE VII

Journée du 2 septembre.

SOMMAIRE

Départ du 13ᵉ corps de Mézières.
Prise du contact avec les Allemands.
Halte du 13ᵉ corps à Launois.
Mouvements de la 6ᵉ division de cavalerie allemande.
Reprise de la marche du 13ᵉ corps.
Opérations de la 5ᵉ division de cavalerie allemande.
Opérations du VIᵉ corps.
Le 13ᵉ corps dans l'après-midi et dans la soirée du 2 septembre.
Discussion sur les mouvements du VIᵉ corps dans la journée du 2 septembre.

Départ du 13ᵉ corps de Mézières.

Le départ avait été fixé à minuit, mais l'organisation subite, en pleine nuit, dans une ville très resserrée, d'une colonne aussi nombreuse, surtout en artillerie, ne se fit pas sans difficultés, par suite sans retard. Les officiers durent abandonner leurs bagages, et on eut quelque peine à rassembler les troupes prévenues au dernier moment, car tout se faisait à tâtons et encore sous l'impression de la panique que les fuyards du champ de bataille de Sedan avaient jetée pendant plusieurs heures.

La tête de colonne ne franchit que vers une heure et demie du matin la porte de Paris, au faubourg de Pierre, où viennent aboutir la grande route de Sedan, la nouvelle route de Rethel qui suit la Vence jusqu'à

Launois, et la vieille route de Rethel que devait prendre le 13ᵉ corps. La sortie des troupes fut lente à cause de l'étroitesse du passage, et l'arrière-garde en particulier en éprouva un retard assez grand.

Des ordres rigoureux avaient été donnés pour la marche qui ne devait être interrompue que sur l'ordre du général commandant le corps d'armée; on ne devait même pas s'arrêter en cas d'attaque, mais combattre tout en avançant.

Cette dernière obligation n'eût sans doute pas été facile à remplir, si la colonne avait eu affaire à des forces sérieuses; mais en donnant un ordre aussi absolu, le Général en chef voulait probablement éviter que les divers éléments qui étaient isolés et échappaient beaucoup au commandement, ne fussent tentés de sortir de la route et de combattre contre de petits partis dont le rôle était de retarder la marche par tous les moyens possibles.

Il voulait d'ailleurs éviter le combat à tout prix, surtout à cause du manque de munitions dans les deux régiments de ligne, et il espérait y échapper par une marche ininterrompue jusqu'au matin.

Ce manque de munitions s'ajoutait ainsi aux dangers qu'offrait déjà la direction de Rethel pour aggraver la situation de la division Blanchard.

« La nuit était belle et claire, bien que la lune ne se fût pas montrée; la tête de colonne s'engagea sans rencontrer d'obstacles sur la vieille route de Rethel; le calme et le silence étaient complets : *évidemment l'ennemi ne nous avait pas attendus, ou bien il n'avait pas jugé à propos de chercher à nous rejeter dans la place.* »

Il est donc bien évident que le général Vinoy craignait

le combat dès qu'il serait engagé sur la route, et que, dans la presque certitude d'une attaque sur son flanc, il avait organisé sa colonne plutôt en prévision d'un combat face à gauche s'il en était réduit à cette extrémité, que pour une marche en retraite proprement dite.

Cette idée fixe apparaît encore plus clairement quand il dit : « Arrivés à Launois, nous avions désormais la certitude d'avoir échappé à la surveillance et à la poursuite du corps wurtembergeois qui avait été chargé d'observer et de harceler nos colonnes à notre sortie de Mézières. »

Or, on peut se demander pourquoi le commandant du 13ᵉ corps, sa résolution prise de battre en retraite, n'a pas cherché, avant de quitter Mézières, à être renseigné sur cette division wurtembergeoise à laquelle il attribue un rôle que personne n'avait songé à lui donner.

Il aurait pu, par divers moyens, en particulier en lançant des pointes d'officier dans le secteur compris entre la Meuse et la Vence, avoir quelques données sur la position des Wurtembergeois qu'il croyait aux portes de la ville, et qui en réalité, étaient à Donchery avec un détachement, celui du général de Huegel, à Flize.

Ce manque de renseignements était, d'autre part, la conséquence des dispositions prises dans la journée.

Si, en effet, la brigade Guilhem, dans son mouvement, au lieu d'avoir derrière elle le 6ᵉ hussards, l'avait employé à s'éclairer sur ses flancs, et si elle ne s'était pas retirée dans son camp sous la simple menace de deux bataillons et d'une batterie, elle aurait pu se rendre compte qu'elle n'avait devant elle qu'un détachement, et que ce détachement n'avait d'autre but que de protéger et de cacher le mouvement de recul de la division ennemie; d'ailleurs, il ne se serait probablement pas engagé à fond s'il avait vu du côté des Français la volonté nettement affirmée de ne pas s'en laisser imposer.

Mais le général Vinoy, à la fin de la journée, ne pensa plus qu'à garder le secret de sa retraite et à tenter la fortune sans même faire reconnaître le terrain dangereux. Il était persuadé que l'ennemi l'attendait et qu'il l'aurait sur les bras dès qu'il serait sur la vieille route de Rethel, et cependant il ne paraît pas avoir songé à la direction de l'ouest qui s'offrait à lui, car il n'en parle pas.

Prise du contact avec les Allemands.

La colonne avait près de six kilomètres de développement; l'arrière-garde, retardée à cause de la sortie étroite de Mézières, était plus loin du gros qu'il n'eût fallu. Cependant la première partie de la marche se fit sans encombre; au petit jour seulement les patrouilles ennemies apercevaient les Français.

Vers six heures, dit le général Vinoy, au moment où la tête de colonne était à hauteur de Poix, un coup de feu se fit entendre : c'était une patrouille du 15e uhlans cantonné à Raillicourt qui annonçait ainsi la présence des Français.

On continua à avancer sans s'en inquiéter; mais, à partir de ce moment, les patrouilles ennemies ne cessèrent plus de se montrer sur le flanc, cherchant à apprécier l'importance des forces qui défilaient sur la route.

D'après le récit du grand état-major allemand, le mouvement aurait été éventé par des patrouilles du 6ᵉ cuirassiers cantonnées à Guignicourt, qui battaient le pays de très grand matin dans la direction du nord et de l'ouest, et qui auraient eu à essuyer un feu de mousqueterie partant de Champigneul.

La queue de la colonne ayant dû arriver vers cinq heures seulement à hauteur de Mondigny, il est fort probable que ces patrouilles n'en virent que la gauche, et que l'escadron de Guignicourt, averti, se porta presque aussitôt à l'ouest des bois qui descendent de la route vers cette localité afin de suivre le mouvement des Français, car un autre escadron du 6ᵉ cuirassiers fut aussitôt envoyé d'Yvernaumont à Barbaise en soutien du premier. Quant au feu de mousqueterie partant de Champigneul, on ne peut l'attribuer qu'à des cavaliers du 6ᵉ hussards qui flanquaient la colonne.

Quoi qu'il en soit, le duc Guillaume de Mecklenbourg-Schwerin qui commandait la 6ᵉ division de cavalerie, averti immédiatement, donnait des ordres pour rassembler entre Poix et Montigny-sur-Vence les forces de la division qui se trouvaient sous sa main. Il n'avait pas manqué d'informer aussitôt le commandant de la 5ᵉ division et le commandant du VIᵉ corps.

Halte du 13ᵉ corps à Launois.

Le général Vinoy tendait à arriver le plus tôt possible à Launois qui est au seuil de la vallée de la Vence, et où passe la voie ferrée de Rethel à Charleville, car, une fois là, il avait la certitude d'avoir échappé à la division wurtembergeoise.

La tête de colonne y arriva vers sept heures ; « l'ennemi, dit-il, pouvait tout au plus maintenant se mettre en marche pour nous rejoindre ; mais notre flanc gauche était, dès lors, à l'abri de ses attaques, et il ne lui était plus possible de tenter de le couper. » Aussi fit-il faire une grand'halte, autant pour donner du repos aux troupes qui avaient été tenues en haleine pendant vingt kilomètres, que pour les remettre en main avant de continuer vers Rethel.

Launois n'était pas avantageux pour une halte, car le village est dominé de tous les côtés ; mais le commandant du 13ᵉ corps se croyait hors de danger immédiat, et, selon lui, la hauteur qui se trouve du côté de Rethel permettait de s'y arrêter et de s'y défendre.

Or, cette hauteur constituait précisément un danger à cause des bois qui la couvrent et qui se prolongent vers l'est jusqu'à la Bar. La colonne ne pouvait avoir de vues dans cette direction, et la Vence, coulant parallèlement à la ligne des hauteurs boisées jusqu'à Poix, il était facile à l'ennemi de dérober ses mouvements à la faveur des bois en passant par la route qui va de cette localité à Neuvizy par Villers-le-Tourneur, et de couper la ligne de retraite.

Sans doute, on envoya des reconnaissances d'infanterie et de cavalerie au sud vers Neuvizy, et à l'est jusqu'au chemin qui va à travers bois de Raillicourt à Villers-le-Tourneur, mais il est bien évident que ces reconnaissances n'auraient pu signaler l'ennemi à temps pour empêcher le 13e corps d'être dans une situation critique, et d'être obligé de s'ouvrir la route de Rethel. S'il eût été réduit à cette extrémité, le terrain dont il pouvait disposer pour ce coup de force, était loin d'être à son avantage.

Aussi, Launois était-il, par sa situation topographique et par la direction des voies de communication, le seul point depuis Mézières où il était imprudent de s'arrêter.

Le village de Faissault, à quatre kilomètres plus loin, était plus indiqué; traversé par la route, bâti sur les hauteurs, il permettait de voir clair autour de soi, en même temps qu'il était un point d'appui en cas d'attaque.

Mais le général Vinoy ne pensait pas à la cavalerie; seule, la division wurtembergeoise, dont il était en effet hors de portée, avait fixé son attention jusque là; c'était précisément à ce moment que ses troupes couraient le plus de danger depuis le commencement de sa marche en retraite.

Les renseignements recueillis à Launois le portèrent faussement à penser que Poix n'était pas occupé par l'ennemi avec lequel le bataillon du 42e s'était rencontré l'avant-veille; il en conclut que ces forces avaient rejoint le gros de l'armée allemande du côté de Sedan. Cependant, à Launois même, la veille, des uhlans avaient fait une réquisition, et, depuis la pointe du jour, il n'avait cessé d'être observé de très près par des patrouilles hardies dont le nombre augmentait au fur et à mesure qu'on avançait.

Il était bien difficile d'admettre que cette cavalerie fît partie de la division wurtembergeoise qu'il croyait toujours à proximité de Mézières, mais, en rapprochant ces divers indices du fait que la reconnaissance du 31 avait eu affaire à une force sérieuse de cavalerie appuyée par du canon, il devait être porté naturellement à admettre, malgré le dire des habitants, que cette cavalerie se trouvait à proximité dans la vallée de la Vence.

Mouvements de la 6ᵉ division de cavalerie allemande.

Et en effet, pendant que le 13ᵉ corps s'arrêtait à Launois, la plus grande partie de la 6ᵉ division rassemblée se mettait en mouvement dans la direction de ce village. Le 15ᵉ uhlans, qui tenait la tête et fouillait les bois entre Raillicourt, Villers-le-Tourneur et Neuvizy, se heurta à des groupes d'infanterie française. C'est à ce moment que des uhlans, prenant des cavaliers du 6ᵉ hussards pour des camarades, vinrent à eux sans crainte; l'un d'eux fut tué et deux faits prisonniers.

Les renseignements qu'ils fournirent, rapprochés de ceux donnés par les habitants, induisirent encore une fois en erreur le général en chef qui ne se douta pas un instant de la présence si rapprochée de la 6ᵉ division; il crut que le 15ᵉ uhlans était avec du canon à Puiseux, village à huit kilomètres au sud de Launois et à deux ou trois kilomètres à l'est de la route de Rethel.

Il est vrai qu'elle ne révéla pas sa présence, car elle resta inactive.

« La nature très couverte du pays situé en avant, dit la relation du grand état-major prussien, la force de l'adversaire, et aussi l'avis que d'autres contingents français suivaient des abords sud de Mézières, déterminaient le duc Guillaume de Mecklembourg-Schwerin à ne point attaquer. »

De sorte que le 13ᵉ corps, après s'être reposé une heure et demie, se remettait en marche vers huit heures et demie, sans soupçonner le danger auquel il échappait par suite du manque d'initiative et d'activité de cette cavalerie qui, depuis le 31 août, en était coutumière.

Le 6ᵉ régiment de cuirassiers regagna tranquillement sa position sur la Vence, tandis que le 15ᵉ de uhlans demeurait en observation à l'ouest de Montigny-sur-Vence. Quand les Français eurent quitté Launois, ce régiment occupa le village à son tour avec des avant-postes ; le gros, établi à Raillicourt, se garda également dans la direction de Mézières.

Enfin le 3ᵉ de uhlans vint à Villers-le-Tourneur, et jeta une avant-garde à Neuvizy ; le reste de la division reprit ses cantonnements autour de Poix.

Quelles que soient les raisons données par les Allemands pour justifier l'inaction du commandant de cette division, elles ne sont pas admissibles.

En admettant que la nature du terrain et les dispositions de halte gardée prises par les Français, n'aient pas permis au duc Guillaume d'attaquer à fond pendant cette halte, il pouvait toujours, avec son artillerie, inquiéter l'adversaire, lui faire prendre les armes, et troubler son repos.

Ou bien encore il pouvait attendre la reprise de la marche du 13e corps, passer au sud des bois, et attaquer ou menacer la colonne en tenant la route sous son canon. Il donnait ainsi le temps à la 5e division et au VIe corps de prendre ses dispositions pour le seconder et unir leurs efforts aux siens.

Les Français n'ayant pas ou presque pas de cavalerie pour le tenir en respect, il était absolument maître du moment et du point d'attaque, et rien ne lui était plus facile, à cause de sa mobilité, que de se dérober devant les dispositions défensives de l'artillerie et de l'infanterie adverses.

En opérant ainsi, cette division remplissait le rôle essentiel de la cavalerie contre une troupe en retraite; elle l'inquiétait, la harcelait et lui faisait perdre du temps. Elle n'avait pas autre chose à faire si elle ne pouvait l'anéantir.

Il est possible que de faux renseignements soient parvenus au duc Guillaume au sujet de nouvelles troupes françaises quittant Mézières et se dirigeant vers le sud, mais il est permis de croire aussi que cette raison est donnée pour les besoins de la cause, et pour justifier la reprise vraiment trop pacifique des cantonnements primitifs de la division dans la vallée de la Vence.

La vérité est que le commandement manqua de volonté et de vigueur le 2 septembre au matin comme il en avait manqué la veille, et surtout l'avant-veille.

Reprise de la marche du 13e corps.

Il était un peu plus de dix heures quand la tête de colonne du 13e corps arriva à Saulces-aux-Bois, à neuf kilomètres de Launois. Cette distance avait été parcourue sans incident; les patrouilles ennemies avaient disparu presque entièrement. Le général Vinoy fit faire une nouvelle halte sur la route avant de franchir les treize kilomètres qui séparent ce village de Rethel.

C'est à ce moment qu'il vit clair dans la situation, et qu'il comprit avec quelles difficultés il allait avoir à lutter; la période critique de la retraite, qu'il croyait derrière lui, allait seulement commencer.

Par un hasard providentiel, des gens du pays qui étaient arrivés le matin de Rethel, lui apprirent à Saulces que le bataillon de la division d'Exéa avait quitté cette ville depuis plus de trente-six heures, et qu'une colonne ennemie, qu'ils estimaient à plus de 10.000 hommes avec 40 pièces de canon, l'avait occupée la nuit même.

C'était le détachement de la 12e division du VIe corps, fort de cinq bataillons et demi, trois escadrons et deux batteries qui, sous les ordres du lieutenant-général de Hoffmann, avait débouché devant la ville à quatre heures du matin avec l'espoir de surprendre le bataillon français de la 1re division, et qui s'y était cantonné.

Les renseignements des gens du pays apprenaient en outre qu'une nombreuse cavalerie occupait Tourteron et les villages environnants.

La situation était grave : la ligne de retraite était coupée par l'ennemi qui y était installé à treize kilomètres, et menacée de flanc à courte distance.

Fallait-il marcher quand même sur Rethel, et s'ouvrir le passage de vive force? Le succès était plus que douteux, car si, d'après les renseignements donnés, l'artillerie du 13e corps était supérieure en nombre à l'artillerie du détachement allemand, par contre l'infanterie ennemie paraissait au moins aussi forte.

D'ailleurs ce détachement pouvait n'être que l'avant-garde de forces plus considérables battant la vallée de l'Aisne ou le pays entre Reims et Rethel, forces auxquelles on pouvait avoir à faire tout de suite ou, dans le cas d'un premier succès, presque immédiatement après. L'avantage du terrain était en outre du côté de l'ennemi, qui avait de belles positions en avant de cette dernière ville.

Le général Vinoy craignait en outre, s'il perdait du temps à essayer de forcer le passage, d'être pris en queue par des forces dirigées de Sedan à sa poursuite, car le grand quartier général avait certainement dû être averti de sa retraite.

Ainsi, dans le cas même où les troupes du 13e corps eussent disposé de tous leurs moyens d'action, le succès définitif paraissait douteux, sinon impossible, d'autant plus que l'infanterie n'avait pas assez de munitions pour conduire le combat jusqu'au bout. Elles étaient d'ailleurs harassées, car elles venaient de faire près de trente kilomètres dans des conditions fort pénibles. Sur pied depuis onze heures du soir, elles n'avaient pas dormi; la veille, elles avaient été sous les armes toute la journée, et la brigade Susbielle avait en outre passé la nuit précédente en chemin de fer.

Il eût été insensé d'aller au combat dans de telles conditions. Sans perdre de temps, il fallait changer de direction, tromper l'ennemi, et chercher à lui échapper par tous les moyens possibles.

Le général Vinoy saisit immédiatement la situation, et, avec une promptitude de décision qui lui fait honneur, il résolut de quitter la route de Rethel et de marcher sur Novion-Porcien, village à cinq kilomètres au nord-ouest de Saulces-aux-Bois.

Le mouvement commença sans retard dans l'ordre de marche de la colonne.

Opérations de la 5ᵉ division de cavalerie allemande.

Le lieutenant-général de Rheinbaben, qui commandait la 5ᵉ division de cavalerie, avait été informé à Tourteron, vers neuf heures et demie, du mouvement de la colonne française; il avait prescrit en conséquence à la 12ᵉ brigade de se porter du Chesnois, où elle avait cantonné, sur Puiseux, et à la 13ᵉ brigade, qui avait couché à Ecordal, de gagner Amagne pour surveiller la route de Rethel à Mézières; chacune de ces brigades avait avec elle une batterie à cheval.

La 12ᵉ brigade, avertie par ses patrouilles, n'avait pas attendu l'ordre du commandant de la division pour prendre les armes; elle s'était portée sur le chemin du Chesnois à Saulces-aux-Bois, quand le 13ᵉ corps était déjà très engagé dans la direction de Novion-Porcien.

Au moment où la tête de la colonne approchait de

cette localité, le canon se fit entendre à l'arrière-garde : c'était la batterie à cheval de la 12ᵉ brigade qui avait pris position à la station de Puiseux, et qui avait ouvert son feu sur le village de Saulces.

L'arrière-garde prit aussitôt des dispositions défensives dans la partie du village que traverse la grande route. Un bataillon du 35ᵉ occupa les maisons, un autre bataillon garnit les fossés de la route au nord du village, et le troisième la hauteur des Tuileries. Les deux batteries qui précédaient l'arrière-garde dans la colonne se mirent en batterie, la batterie de 4 au nord des maisons, la batterie de mitrailleuses sur la hauteur des Tuileries.

La lutte d'artillerie ne fut pas à l'avantage de la batterie prussienne qui en fut assez éprouvée. D'autre part, le 14ᵉ de marche avait déployé aussi quelques compagnies au nord du 35ᵉ, et menacé ainsi sur son flanc droit la 12ᵉ brigade qui ne tarda pas à se retirer.

Le général Vinoy, avant de s'engager plus à fond, avait voulu se rendre compte de l'importance de l'attaque. « Il se convainquit bien vite, dit-il, qu'elle n'était point sérieuse, qu'elle était tout au plus une démonstration offensive faite dans le seul but d'arrêter son mouvement et de lui faire perdre, en de vaines escarmouches, le temps si précieux qu'il était de son premier devoir d'utiliser pour devancer à tout prix l'ennemi. » En conséquence, le général Susbielle reçut l'ordre de se replier sans perdre de temps : le mouvement se fit en échelons par la gauche.

Le déploiement du 35ᵉ de ligne et d'une partie du 14ᵉ de marche avait été en effet trop prématuré, car la colonne n'était menacée immédiatement que par l'artillerie ennemie, et ce déploiement faisait le jeu de l'adversaire dont le seul but était de retarder le mouvement de retraite.

Mais il est probable que si le général Susbielle avait eu à l'arrière-garde une artillerie plus nombreuse, il se serait contenté de lui faire prendre position pour répondre à l'artillerie de la 12º brigade dont le feu aurait été vite éteint, et de conserver dans la main, à l'abri, les bataillons du 35º qu'il aurait employés uniquement pour arrêter la cavalerie si elle s'était montrée trop entreprenante : c'eût été le véritable rôle de l'arrière-garde. Le général Vinoy répara à temps la faute que l'on allait commettre en s'engageant trop avant.

De son côté, la 12º brigade, après avoir rompu le combat, s'était retirée au sud jusqu'à Faux et Amagne, laissant seulement le 13º régiment de dragons pour observer l'ennemi.

Cette cavalerie était vraiment bien peu entreprenante, et on ne s'explique guère sa manière d'opérer. Elle voyait cependant d'une façon précise le mouvement des Français vers Novion-Porcien; qu'allait-elle faire au sud si loin de son champ d'action? Fuyait-elle l'occasion d'agir? ou bien voulait-elle uniquement se rapprocher de la 13º brigade afin d'opérer avec elle?

Evidemment, elle devait se retirer du moment que le combat d'artillerie n'était pas à son avantage, mais rien ne lui était plus facile que de se soustraire aux coups de l'artillerie française, et de se mettre momentanément à l'abri dans un des nombreux plis de terrain au sud de Puiseux.

N'ayant rien à craindre de la cavalerie adverse, elle pouvait agir en toute sécurité, et, pour jouer utilement son rôle, elle aurait dû gagner les hauteurs au nord du chemin de Saulces-aux-Bois à Novion-Porcien, et chercher à inquiéter la colonne française en profitant d'un moment propice, d'un allongement par exemple, pour l'attaquer.

Dans tous les cas, la batterie qui l'accompagnait pouvait y jeter le désordre, chercher à l'arrêter, l'amener tout au moins à faire prendre position à quelques batteries, lui faire perdre du temps en un mot. C'était là son rôle et son devoir, et ce devoir il ne lui en eût pas coûté beaucoup pour le remplir.

Pendant ce temps la 13e brigade avait rompu d'Ecordal et s'était portée au nord d'Amagne où elle se trouvait entre onze heures et midi; elle jetait aussitôt des partis vers Lucquy et Auboncourt au nord-ouest, et attendait des renseignements avant de prendre un parti.

Elle entendit bientôt le canon dans la direction du nord, et à une heure et demie ses reconnaissances lui signalaient le mouvement des Français vers l'ouest. Elle poussa alors jusqu'au hameau de Vauzelles, sur la grande route de Launois à Rethel, à moins de deux kilomètres au sud-ouest de Saulces-aux-Bois.

Au moment où elle y arrivait, contrairement au dire de la relation allemande qui ne fait arriver le 13e corps à Novion-Porcien qu'à quatre heures, les troupes françaises étaient déjà presque toutes au bivouac.

La batterie à cheval prit position aux environs de Vauzelles, et canonna les troupes qu'elle apercevait, troupes d'arrière-garde sans doute qui s'étaient arrêtées à Machéroménil. Son tir eut pour effet de faire sortir de ce hameau quelques groupes d'infanterie qui l'occupaient, et le 10° hussards s'étant mis à leur poursuite, ramena vingt-trois traînards avec quelques voitures. L'un de ces prisonniers était porteur de l'ordre de bataille de la division Blanchard : cet ordre était adressé aussitôt au commandant du VI° corps.

Il était regrettable que ce renseignement, d'une grande importance pour l'ennemi, lui fût connu, car il pouvait sinon dicter au général de Tümpling la conduite à tenir, du moins le fixer d'une façon précise sur les forces qu'il avait devant lui, et qu'il devait chercher à envelopper.

Là, se borna le rôle de la 13° brigade qui ne tenta plus rien dans le reste de la journée. Elle fut sans doute tenue à distance par les avant-postes français qui semblent avoir occupé de ce côté la ligne Corny-la-Ville, Machéroménil. D'ailleurs, elle ne tarda pas à avoir à sa gauche le régiment de cavalerie du détachement de Rethel.

Dans la soirée, elle s'installait en cantonnements d'alerte à Auboncourt, Vauzelles et Saulces-aux-Bois, avec des avant-postes vers Corny et Machéroménil, pendant que la 12° brigade restait à Amagne.

La 11° brigade n'avait pas quitté Tourteron.

Si on en juge par le récit allemand des opérations

de la 5e division pendant cette journée, le général de Rheinbaben ne paraît pas avoir agi personnellement, mais s'être contenté seulement de pousser en avant, chacune pour leur compte, les 12e et 13e brigades. Quant à la 11e, dont un régiment, celui des hussards de Brunswick était à Pauvres, elle resta à Tourteron où se trouvait également le général de division.

A quoi faut-il attribuer ce peu d'activité, ce manque d'en avant, qui doit être cependant la caractéristique de la cavalerie? Car pas plus que la 6e division, la 5e ne chercha à remplir son rôle.

Si, aussitôt prévenu, le général de Rheinbaben avait concentré ses cinq régiments et ses trois batteries en avant de la ligne Chesnois-Ecordal, à Sorcy par exemple ou à Monclin, suivant les renseignements recueillis au fur et à mesure dans la matinée, il aurait été à même d'agir bien plus efficacement au commencement de l'après-midi que ne purent le faire séparément les 12e et 13e brigades.

Dans la soirée, il pouvait encore tenir le bivouac en haleine, en inquiétant ses avant-postes, en les culbutant sans doute facilement sur un point bien choisi, empêchant ainsi les Français de prendre un repos dont ils avaient un besoin extrême, et sans lequel probablement le général Vinoy n'eût pas échappé à une catastrophe.

Le détachement de la 12e division d'infanterie allait montrer plus d'activité que les 5e et 6e divisions de cavalerie, et nul doute que les efforts du général de Hoffmann eussent eu plus de succès s'il eût été mieux secondé par le duc Guillaume et par le général de Rheinbaben.

Opérations du VIe corps.

C'est à onze heures du matin seulement que le général de Hoffmann, arrivé le même jour à Rethel depuis quatre heures du matin, apprit par la 5e division de cavalerie le mouvement des Français vers le sud, et celui de la 6e division de cavalerie sur Launois.

Les renseignements qu'il reçut à ce sujet le portèrent à croire que cette dernière avait devancé le 13e corps sur la route, et qu'elle se trouvait entre l'ennemi et lui. La 5e division était à même, d'ailleurs, de prêter son concours à la 6e, de sorte que pensant avoir au nord de Rethel deux divisions de cavalerie qui barraient la route, il ne jugea pas utile de prendre immédiatement des dispositions défensives. Ses troupes d'ailleurs, qui, elles aussi, avaient fourni une marche de nuit, avaient besoin de repos, et il avait eu d'abord l'intention de leur laisser le temps de préparer leur repas.

Il estimait avec raison qu'il serait toujours averti à temps de l'approche des Français pour prendre une position de combat sur les hauteurs de Bertoncourt et de Novy, et, dans cette prévision, il se contenta de demander au général de Tümpling de concentrer toute sa division à Rethel.

Le général commandant le VIe corps n'avait pas attendu cette demande; averti, lui aussi, à onze heures et quart, il prescrivait aussitôt au reste de la 12e division de gagner Rethel où cette division allait ainsi se trouver tout entière, et au général de Hoffmann de prendre ses dispositions de défense.

En même temps, il dirigeait sur cette ville les deux batteries à cheval de l'artillerie de corps, et la 11e division de Semuy sur Amagne et Sausseuil.

Ces dispositions étaient judicieuses, puisqu'elles devaient avoir pour but d'opposer de front au 13e corps une division dont l'artillerie allait se trouver renforcée rapidement, pendant qu'il aurait sur son flanc gauche ou sur ses derrières l'autre division du corps d'armée avec le reste de l'artillerie de corps. Le terrain était d'ailleurs tout à l'avantage du VIe corps qui était maître de s'établir sur la ligne de crêtes jalonnée par les villages de Bertoncourt, Novy, Lucquy, Faux et Sausseuil.

A une heure et demie, arrivaient simultanément au général de Hoffmann l'ordre du général de Tümpling et un rapport de la 13e brigade annonçant d'Amagne que le 13e corps marchait de Saulces-aux-Bois sur Novion-Porcien.

Le commandant de la 12e division envoya alors des patrouilles d'officier sur Novy, et, laissant à Rethel et aux ponts de l'Aisne deux compagnies seulement, il porta le reste de son détachement, cinq bataillons, trois escadrons et deux batteries, au nord de la ville, en position d'attente contre la route de Mézières.

Pendant l'exécution de ce mouvement, il avait gagné de sa personne les hauteurs de Bertoncourt, et avait remarqué en effet des troupes ennemies en mouvement sur Novion-Porcien et Provizy. Mais, pour se renseigner plus exactement, il portait la majeure partie de sa cavalerie (15e dragons), à l'est de Bertoncourt.

Le changement de direction subit de la colonne en retraite et les renseignements de la cavalerie amenèrent rapidement le commandant de la 12ᵉ division à conclure que les Français, renonçant à leur mouvement sur Rethel à la suite de leur rencontre avec les 5ᵉ et 6ᵉ divisions de cavalerie, et aussi à la suite de renseignements sur l'occupation de cette ville, avaient l'intention de passer l'Aisne à Château-Porcien.

En conséquence, il prit le parti de porter immédiatement à Ecly toutes les troupes de sa division qu'il avait sous la main afin de leur barrer la route.

Outre que cette localité, située à environ trois kilomètres au nord-est de Château-Porcien, se trouvait, dans cette hypothèse, sur le chemin obligé des Français, sa position était importante à cause du croisement de la route de Réthel à Rozoy-sur-Serre avec les chemins qui, de Château-Porcien, vont aboutir sur celui de Novion-Porcien à Chaumont-Porcien.

Trois escadrons du 15ᵉ régiment de dragons durent couvrir le mouvement du côté de l'ennemi en se maintenant en communication avec la 13ᵉ brigade dans la direction de Vauzelles.

Le détachement se mit en marche à quatre heures du soir, et, à la nuit tombante, il atteignit Ecly par une pluie battante. Pendant ce mouvement, les deux batteries à cheval de l'artillerie qui venaient le renforcer, l'avaient rejoint, et les autres éléments de la 12ᵉ division étaient arrivés à Rethel.

Conformément aux ordres donnés par le général de Hoffmann, les uns restèrent dans cette ville pendant que les autres gagnaient Inaumont et Château-Porcien.

Le 15ᵉ dragons, ayant trouvé de l'infanterie et de l'artillerie française à Corny-la-Ville, s'établit en position d'observation auprès de Novy.

Avant d'arriver à Ecly, le commandant de la 12ᵉ division avait reçu la réponse du général de Tümpling à sa dépêche du matin. Cette réponse contenait les ordres donnés directement par ce dernier pour la concentration complète de la division à Rethel, et laissait, en outre, au général de Hoffmann la liberté d'agir d'après les circonstances.

Celui-ci, fort de cette latitude et de plus en plus convaincu par les rapports de sa cavalerie que les Français s'étaient arrêtés à Novion-Porcien avec l'intention d'y passer la nuit, ordonna pour le lendemain matin un mouvement général de la division. Les troupes postées à Inaumont, à Ecly et à Réthel devaient rompre à sept heures du matin, et se porter simultanément sur Novion-Porcien. Le détachement de Château-Porcien avait, en outre, pour mission de préparer la destruction du passage de l'Aisne sur ce point avant de suivre par Ecly.

Ces diverses dispositions furent portées à la connaissance du général commandant le VIᵉ corps, de la 11ᵉ division d'infanterie et de la 5ᵉ division de cavalerie.

Au moment où commençait le mouvement de la 12ᵉ division sur Ecly, le général de Tümpling apprenait que les Français, au lieu de continuer leur marche sur Rethel, s'étaient dérobés vers l'ouest. Dans le but sans doute de soutenir cette division, et malgré l'heure avancée, il portait aussitôt la 11ᵉ division d'Amagne sur Rethel et Tugny, et l'artillerie de corps sur Fleury : ces points étaient atteints à dix heures du soir seulement.

Le 13ᵉ corps dans l'après-midi et dans la soirée du 2 septembre.

Après l'attaque à Saulces-aux-Bois par la 12ᵉ brigade de cavalerie qui n'avait pu retarder la marche du 13ᵉ corps, le général Vinoy s'était hâté d'atteindre Novion-Porcien afin de se soustraire aux forces qui le menaçaient sur son front et sur son flanc. Son intention était de gagner Château-Porcien le plus tôt possible, d'y franchir l'Aisne et de regagner la ligne de retraite que la présence, à Rethel, du général de Hoffmann le forçait à abandonner momentanément.

En admettant que ses troupes fussent en état de tenter immédiatement cette opération, il est évident qu'elle ne pouvait réussir. La distance qui sépare Novion-Porcien de Château-Porcien étant d'environ dix-sept kilomètres, on ne pouvait atteindre ce dernier point qu'après cinq heures du soir.

Mais la principale difficulté résultait surtout de la position défectueuse de la colonne vis-à-vis de l'ennemi. Depuis Saulces-aux-Bois, elle devait en effet se mouvoir sur un arc de cercle dont Rethel occupe le centre, et dont l'adversaire tenait la corde, et elle ne pouvait avoir l'espoir de cacher sa marche, pas plus à la 12ᵉ division qu'à la 5ᵉ division de cavalerie qui n'aurait pas manqué de la suivre et de la harceler.

Sans aucun doute, elle aurait trouvé le général de Hoffmann en position sur le ruisseau le Plumion dont la rive gauche, d'Arnicourt à Ecly, lui offrait un terrain d'action très avantageux à six ou sept kilomètres de Rethel.

Par suite, elle se serait vue dans une position plus

fâcheuse encore qu'à dix heures du matin à Saulces-aux-Bois, puisqu'elle aurait eu sur son front un détachement tenant le pont de l'Aisne, sur son flanc la plus grande partie de la 12e division en position à courte distance, et sur ses derrières une division de cavalerie, la 5e, qui pouvait être renforcée par la 6e.

Il n'était pas possible dès lors d'éviter le combat, un combat dans les plus mauvaises conditions.

Le passage de l'Aisne avait-il plus de chances de succès pendant la nuit ou le lendemain à la pointe du jour ? Il eût été téméraire d'y compter, étant donné que le général Vinoy ne voulait pas de rencontre, et qu'il croyait avoir autour de lui des forces plus considérables qu'elles ne l'étaient en réalité.

Pour la réussite d'un tel mouvement, il fallait admettre d'abord qu'il pouvait se dérober pendant la nuit et franchir la distance qui le séparait de Château-Porcien sans éveiller l'attention de l'ennemi. Puis, cela acquis, que le général de Hoffmann, dont l'artillerie à cheval pouvait entrer très rapidement en ligne, ne serait pas averti à temps pour s'opposer au mouvement.

Or, ces deux hypothèses étaient d'autant moins probables que, devant deviner les intentions des Français depuis le commencement de l'après-midi, il ne manquerait pas de les faire surveiller de très près, et de se tenir prêt à tout événement; et, dans tous les cas possibles, à moins d'une chance sur laquelle on n'avait pas le droit de compter, il était certain qu'il pouvait surprendre tout au moins la colonne pendant la traversée du seul point de passage qu'elle avait à sa disposition.

Vers une heure de l'après-midi, le général Vinoy avait installé la plus grande partie de ses troupes au bivouac autour de Novion-Porcien. Il avait dû se résoudre à s'arrêter, malgré l'intérêt qu'il avait à s'éloigner le plus possible de la grande route de Rethel, car elles étaient épuisées.

L'endroit était favorable ; le bourg, chef-lieu de canton, offrait des ressources qui allaient permettre aux hommes de se réconforter. Les bivouacs, disposés tout autour, étaient soustraits aux vues de l'ennemi, car cette localité est dominée de tous côtés, et protégés par les avant-postes dont la ligne passait par les villages de Provizy, Corny-la-Ville et Machéroménil qui jalonnaient les directions dangereuses.

La colonne comptait une quarantaine de blessés à la suite des escarmouches de la journée.

Jusqu'au soir les Allemands ne cessèrent d'inquiéter les avant-postes et d'empêcher les troupes du 13e corps de prendre un repos dont elles avaient tant besoin, et la panique qui s'était emparée des habitants de Novion-Porcien ne contribuait pas peu à favoriser les intentions de l'ennemi.

« Ce pauvre village, raconte le général Vinoy, offrait l'aspect le plus lugubre et le plus sinistre : sa population effarée était loin d'être rassurée par la présence de nos troupes ; la crainte des uhlans dominait en elle tout autre sentiment ; elle les voyait partout, et l'appréhension de leur arrivée lui causait une terreur inexprimable.

» Dans la journée, quelques uhlans eurent l'audace de venir charger nos grand'gardes qui les repoussèrent à coups de fusil et de mitrailleuses. Nos régiments de marche, formés de jeunes soldats, s'émurent eux-mêmes de ces attaques hardies : on les entendait, à diverses reprises, tirer des coups de feu sur un ennemi invisible, mais que leur imagination troublée leur faisait voir dans l'obscurité. »

Le commandant du 13e corps comptait bien, malgré tout, reprendre le plus tôt qu'il le pourrait, sa marche sur Château-Porcien. Ayant sans raison apparente Neufchâtel pour objectif, il ne voyait pas l'extrême péril dans lequel il allait se trouver, et, persistant dans son idée de retraite, il ne voyait pas que la seule chance de salut qui lui restât était dans la direction de l'ouest, et qu'il devait se hâter d'en profiter.

Il fallut le mouvement du général de Hoffmann sur Ecly, à la fin de la journée, pour lui ouvrir les yeux, et il est fort heureux qu'il ait eu connaissance de ce mouvement qui aurait cependant pu lui être dérobé, et au sujet duquel il semble avoir eu des renseignements assez précis.

« L'ennemi partit de Rethel vers trois heures du soir, dit-il, et à la faveur des bois, parut se diriger sur notre camp jusqu'à hauteur de Corny-la-Ville, comme s'il eût été dans son intention de nous surprendre de ce côté. Mais le véritable but de cette démonstration de l'ennemi était de masquer son mouvement réel ; en effet, il vint bientôt prendre position sur les hauteurs qui s'étendent d'Ecly à Inaumont pour nous intercepter le passage de l'Aisne à Château-Porcien. »

Il ne restait plus au général Vinoy qu'à prendre à la dérobée la direction de l'ouest qu'il n'avait pas voulu suivre en quittant Mézières, et dans laquelle les événements le ramenaient malgré lui. Résolu à gagner Montcornet, il donna des ordres pour une nouvelle marche de nuit, afin de reprendre de l'avance si c'était possible : c'était la deuxième fois dans la journée qu'il était obligé de changer l'itinéraire de la colonne.

Discussion sur les mouvements du VIe corps dans la journée du 2 septembre.

Le général de Hoffmann avait parfaitement deviné les intentions du général Vinoy au sujet du passage de l'Aisne, et, en occupant Ecly dans la soirée du 2, il était en mesure de s'opposer à ce passage, non seulement à Château-Porcien, mais encore sur un point quelconque en aval de cette localité.

D'autre part, si le 13e corps, forcé de renoncer à ce projet, cherchait à s'échapper dans la direction du nord-ouest, les communications qui viennent aboutir à Ecly permettaient de se porter contre lui et de l'atteindre dans d'excellentes conditions. La route de Rozoy-sur-Serre, en particulier, constituait un danger très grand à cause de son orientation, puisqu'elle donnait à l'ennemi le loisir de s'élever rapidement sur le flanc gauche de la colonne en retraite, en se rapprochant d'elle de plus en plus, d'autant mieux que les chemins dont elle pouvait disposer à partir de Novion-Porcien étaient en médiocre état et allongeaient son parcours à cause de leurs sinuosités.

Elle risquait donc fort d'être rejetée au nord, dans

la direction de Mézières tant qu'elle ne serait pas engagée entièrement sur cette route, et qu'elle n'aurait pas l'ennemi derrière elle.

Le commandant de la 12ᵉ division songea-t-il à utiliser les avantages que lui offrait, dans cette hypothèse, la position d'Ecly ? C'est peu probable, puisque les dispositions qu'il prescrivit pour le lendemain matin sont en contradiction avec cette idée. Convaincu que le général Vinoy chercherait à atteindre Château-Porcien, il ne semble avoir eu d'autre objectif que de se mettre en travers de son chemin, au cas surtout où il ferait une marche de nuit, et d'agir ainsi par surprise.

Mais du moment que la direction de Rozoy-sur-Serre restait ouverte, il était logique de penser que le général français tenterait de gagner ce point s'il était instruit de la présence de son adversaire sur l'Aisne ; et alors s'imposait pour les Allemands la nécessité de cacher leur mouvement sur Ecly, et d'atteindre ce point par Rethel et Barby. Ce mouvement, au contraire, se fit en vue de Novion-Porcien, et les Français purent bien voir en particulier les troupes qui se dirigèrent sur Inaumont après avoir semblé menacer Corny-la-Ville.

On ne pouvait mieux faire leur jeu.

Il paraît donc évident, tout d'abord, qu'en allant à Ecly, le général de Hoffmann n'eut d'autre idée que de s'opposer au passage de l'Aisne pendant la nuit ou le lendemain au point du jour ; ensuite qu'en se portant avec toutes ses forces le lendemain matin sur Novion-Porcien, il comptait tout au moins rencontrer la colonne en marche vers cette rivière, et qu'il n'entrevît pas la possibilité pour elle de s'échapper dans la direction du nord-ouest.

Il risquait ainsi de donner dans le vide, et c'est ce qui arriva, car le mouvement concentrique de la 12e division avait une trop grande envergure pour le projet très limité de son chef.

Si, en effet, la position d'Ecly était heureusement choisie, à la fois pour barrer la direction du sud et menacer la direction de Montcornet, elle ne convenait plus si l'on abandonnait ce dernier avantage, puisqu'elle ne répondait qu'à une seule manière d'envisager la situation : elle était trop éloignée de Novion-Porcien.

Dans la poursuite, il faut prendre le contact le plus tôt possible, et accrocher l'adversaire pour le forcer à combattre. Déjà, dans la journée, la 6e division de cavalerie, puis la 5e avaient successivement manqué à ce principe, et, après elles, la 12e division commettait la même faute.

Sans doute, les troupes arrivées pendant la nuit à Rethel n'étaient peut-être pas en mesure de combattre le 2 septembre au soir, car elles étaient fatiguées, bien qu'elles fussent au repos depuis le commencement de la journée, et la division n'était pas au complet.

D'ailleurs, il eût été téméraire de marcher sur Novion à une heure aussi avancée, et d'attaquer les Français qui auraient eu l'avantage du terrain ; mais il fallait prendre des dispositions de façon à les rejoindre rapidement s'ils s'échappaient, et, dans tous les cas, à rendre le combat inévitable le 3 au matin.

Si le commandant de la 12e division avait gagné le

2 au soir Arnicourt, puis Séry, il eût barré la direction de Château-Porcien et pu rayonner de ce point central, qui lui donnait en plus l'avantage du terrain, vers Herbigny, Wasigny, Mesmont ou Novion-Porcien, suivant les circonstances. Il eût été ainsi maître de la situation, à condition d'être bien renseigné par sa cavalerie jetée dans ces directions, et d'être avisé à temps.

La présence sur la rive droite de l'Aisne, et à proximité, du reste du VIe corps et de la 5e division de cavalerie, lui permettait le mouvement dans tous les sens, et supprimait tout danger pour lui de compromettre sa situation.

De Séry, il pouvait donc agir avec assurance et sécurité, et, en supposant que le 13e corps lui échappât par une marche de nuit et gagnât une avance de quelques heures, il pouvait facilement regagner cette avance, car ce village est un nœud de communications dans tous les sens.

On peut se demander aussi pourquoi le général de Tümpling, apprenant que les Français avaient quitté la route de Rethel et se dirigeaient sur Novion, porta la 11e division sur cette ville et à Thugny, et l'artillerie de corps à Fleury. Ces deux localités sont en effet sur la rive gauche de l'Aisne à l'est de Rethel dont elles sont distantes respectivement de six et douze kilomètres.

Le matin, quand il avait eu connaissance de leur marche sur Rethel, il s'était porté à leur rencontre jusqu'à Amagne, d'où il pouvait tomber sur leur flanc gauche pendant que la 12e division les arrêterait de front. L'après-midi, au contraire, quand il apprend qu'ils renoncent à marcher vers le sud, il s'éloigne d'eux, et, malgré l'heure très avancée, il gagne de nouveaux cantonnements dont l'un n'est atteint qu'à dix heures du soir.

Quelle était donc la raison de ce mouvement? On serait d'abord tenté de croire qu'ayant déjà reçu du Prince royal l'ordre de se rabattre sur Reims, il prenait ses dispositions pour se rapprocher de la route qu'il devait suivre le lendemain.

Mais la relation du grand état-major allemand ne laisse pas de doute à ce sujet : c'est bien à la nouvelle de la marche du général Vinoy vers l'ouest, c'est-à-dire après quatre heures du soir, qu'il égrena le reste de ses troupes sur la rive gauche de l'Aisne, en amont de Rethel, sur un front de douze kilomètres.

D'ailleurs la Retourne, sur laquelle le VIe corps tout entier devait se porter le lendemain, n'est pas à plus de dix-huit kilomètres d'Amagne, et il n'était pas nécessaire de les mettre en mouvement à quatre heures du soir pour les rapprocher de cet objectif, d'autant plus que Rethel n'était pas sur la direction de cette rivière.

C'est donc bien sous l'impression des derniers événements de la journée qu'il avait pris des dispositions tardives, dont le résultat était de disséminer ses troupes depuis Fleury jusqu'à cette ville, comme s'il eût voulu empêcher le général Vinoy de passer l'Aisne entre ces deux points. Or, que la 12e division restât ou non à Rethel, ces dispositions n'étaient pas logiques et restent incompréhensibles.

Au moment où il donna ses ordres, le commandant du VI⁰ corps devait déjà connaître l'intention du général de Hoffmann d'occuper Ecly dans la soirée, car les communications entre Rethel et Amagne, distants seulement de huit kilomètres, étaient faciles. Dans tous les cas il ne tarda pas à en être informé, et il lui était loisible de modifier la marche des éléments de façon à concentrer tout son monde à Rethel. De cette façon, tout en gardant ce point important, il eût été à même d'appuyer dès le lendemain matin la 12⁰ division.

Il était plus logique encore d'aller cantonner à Novy et à Bertoncourt, qui sont à cinq et à neuf kilomètres seulement d'Amagne, afin de combiner l'action des deux divisions du corps d'armée.

Si, en effet, la colonne française avait essayé de forcer le passage à Ecly, elle aurait eu ainsi la 11⁰ division dans le flanc et sur ses derrières. Dans le cas de sa retraite vers l'ouest, la 11⁰ division la suivait pendant que la 12⁰, utilisant soit la grande route de Rozoy-sur-Serre, soit le chemin d'Ecly à Herbigny, gagnait son flanc gauche.

En admettant même que la 12⁰ division fût restée le 2 à Rethel, la 11⁰ devait se porter à Novy, à Lucquy et à Auboncourt, afin de menacer le 13⁰ corps dès le 3 au matin ; le VI⁰ corps eût alors occupé le 2 au soir la ligne Rethel-Auboncourt, longue de dix à douze kilomètres seulement, et menaçante pour l'ennemi, puisque Auboncourt est à moins de huit kilomètres de Novion ; son mouvement aurait eu lieu derrière la 13⁰ brigade et le 15⁰ dragons déjà à Vauzelles et en avant de Novy.

Au contraire, il occupait en réalité un front de vingt kilomètres, d'Ecly à Fleury, dont le point le plus rapproché de Novion, Rethel, est à douze kilomètres.

En battant en retraite vers l'ouest, le général Vinoy n'avait donc à craindre du VI⁰ corps que le détachement de la 12ᵉ division occupant Ecly, dans le cas seulement où ce détachement le devancerait sur la route de Rozoy, et serait assez fort pour lui infliger un échec.

Cette dispersion du VIᵉ corps amène une autre considération : chacune des deux fractions de la 12ᵉ division était inférieure au 13ᵉ corps comme infanterie et surtout comme artillerie. Dans le cas où celui-ci aurait tenté de passer à Château-Porcien dès la pointe du jour, le général de Hoffmann pouvait donc subir un échec sans pouvoir être secouru à temps par la 11ᵉ division cantonnée à Rethel et à Thugny, et l'artillerie de corps n'aurait pu prendre part à la lutte.

Repoussé d'Ecly vers Rethel, il n'aurait pu sans doute empêcher son adversaire de jeter sur la rive gauche la plus grande partie de son artillerie qui, prenant position sur les hauteurs entre Taizy et Nanteuil, aurait considérablement gêné l'entrée en ligne de cette division, et empêché surtout l'artillerie allemande de prendre Château-Porcien sous son feu.

L'opération menée avec vigueur et rapidité aurait eu des chances de réussir dans ces conditions.

Le général de Tümpling ne paraît donc pas avoir agi dans cette journée du 2 comme les circonstances le demandaient, car son action s'est bornée à concentrer à Rethel la 12ᵉ division qu'il ne devait d'ailleurs pas soutenir. Pour le reste, il a laissé son chef libre de ses mouvements.

Quand il porta dans la soirée la 11ᵉ division sur cette ville et sur Thugny, il semble même qu'il ait négligé d'avertir le général de Hoffmann de ce mouvement, du moins il est permis, en l'absence d'autre indication, de le supposer, car il est certain que, prévenu à temps, ce dernier n'aurait pas manqué de rappeler à lui les trois bataillons, les deux batteries et le peloton du 15ᵉ dragons qui passèrent la nuit à Rethel sans raison apparente, puisque la ville allait être occupée par la 11ᵉ division. Il avait, en effet, un tel intérêt à avoir toutes ses troupes dans la main à Ecly, qu'on ne peut le supposer capable de les avoir disséminées de son plein gré.

Là encore, on trouve donc le commandement en défaut, à un point tel qu'on peut se demander si le général commandant le VIᵉ corps a été bien renseigné sur la colonne française. Cependant la cavalerie allemande avait été assez en contact avec elle le matin pour savoir exactement à quoi s'en tenir sur sa force, car elle avait pu compter ses bataillons et ses canons.

Le Général ne pouvait pas ignorer à quelle force la 12ᵉ division devait avoir affaire, et il était de son devoir le plus élémentaire, non seulement de chercher à envelopper les forces françaises, mais d'empêcher cette division d'éprouver un échec auquel elle était exposée du moment qu'elle était abandonnée à elle-même.

CHAPITRE VIII

Journée du 3 septembre.

SOMMAIRE

Mouvement du 13ᵉ corps sur Chaumont-Porcien.
Discussion sur le choix de la ligne de retraite à partir de Novion-Porcien.
De Novion-Porcien à Chaumont-Porcien.
Mouvements des corps allemands le 3 septembre au matin.
Mouvement de la 12ᵉ division. Discussion sur l'opportunité de ce mouvement.

Mouvement du 13ᵉ corps sur Chaumont-Porcien.

A la suite du mouvement du général de Hoffmann sur Ecly le 2 au soir, la ligne de retraite du 13ᵉ corps était de nouveau interceptée, et l'ennemi formait un demi-cercle autour des bivouacs. Le général Vinoy pouvait chercher à surprendre le pont de Château-Porcien en faisant une marche de nuit et réussir peut-être à passer l'Aisne en ce point, mais il ne connaissait pas les dispositions prises par les Allemands, et il s'imaginait avoir affaire à des forces plus nombreuses qu'elles ne l'étaient en réalité.

A Saulces-aux-Bois, on lui avait dit, en effet, que depuis le matin Rethel était occupée par 12.000 hommes avec 40 pièces de canon, et il pensait avec raison que ce détachement, si fort en artillerie, ne devait pas être seul à opérer dans la région en dehors des forces de cavalerie qui avaient suivi la colonne depuis la pointe du jour.

Cette disproportion d'artillerie, qu'on lui avait d'ailleurs exagérée, lui faisait supposer qu'il avait en face de lui, non une division seulement, mais tout un corps d'armée dont la plus grande partie de l'artillerie marchait avec cette division. Aussi, en voyant un fort contingent de troupes le soir à Ecly et à Inaumont, conclut-il que le reste du corps d'armée devait se trouver à proximité, à Rethel probablement, pour y passer la nuit.

Comme d'autre part, il savait qu'une force importante de cavalerie l'enveloppait du côté de l'est, il eût été téméraire de tenter le passage de vive force dans de telles conditions, d'autant mieux qu'il était bien résolu à éviter le combat autant qu'il le pourrait.

Dès lors il se décida à battre en retraite sur Montcornet, et à gagner tout d'abord Rozoy-sur-Serre où il pourrait se croire en sûreté. Mais il fallait pour cela devancer l'ennemi qui avait à sa disposition la route directe d'Ecly à Rozoy, et lui dérober les premières heures de la marche.

L'itinéraire choisi passait par Mesmont, Wasigny, Bégny, Givron, Chaumont-Porcien, Wadimont, Rubigny, Vaux-les-Rubigny et Raillimont.

L'heure du départ de la tête de colonne fut fixée à deux heures du matin. Cette heure était peut-être un peu tardive; au commencement de septembre, le jour paraît encore entre quatre et cinq heures du matin, et les patrouilles allemandes, évidemment sur pied de très grand matin, ne devaient pas tarder à s'apercevoir du départ des Français.

En partant à une heure, on n'avait pas plus à craindre qu'à deux heures d'éveiller leur attention, car la nuit tombant à huit heures du soir, il était permis d'espérer que l'ennemi se serait déjà relâché de sa surveillance. Une heure gagnée était peut-être le salut du 13ᵉ corps, dont la plus grande partie avait d'ailleurs à ce moment déjà près de douze heures de repos.

La nuit était sans lune comme la précédente, mais elle était noire, car s'il n'y avait pas d'étoiles, le ciel était couvert par de gros nuages, et si cette situation ne favorisait pas la mise en mouvement des unités et l'organisation de la colonne, par contre elle était avantageuse pour se dérober. En outre, afin de tromper les avant-postes prussiens, et de les laisser dans l'erreur jusqu'au matin, ordre avait été donné d'entretenir les feux de bivouac et de partir sans les éteindre.

Discussion sur le choix de la ligne de retraite à partir de Novion-Porcien.

Le général Vinoy aurait pu adopter un autre itinéraire qui, passant par Mesmont, Wasigny, Herbigny, Chappes et Remaucourt, lui aurait permis de rejoindre au matin la route d'Ecly à Rozoy.

La distance à parcourir jusqu'à cette route étant de dix-neuf kilomètres, la tête de colonne, partie à une heure du matin, pouvait l'atteindre entre six et sept heures, et la colonne y être engagée tout entière entre huit et neuf heures. Si elle y arrivait sans encombre, elle n'avait plus à craindre les troupes d'Ecly que sur ses derrières, et cet avantage était si grand dans la situation aventurée actuelle qu'on pouvait bien tenter de l'obtenir.

Au premier abord, il était possible que cet itinéraire parût trop rapprocher le 13ᵉ corps de l'ennemi et l'exposer à rencontrer celui-ci ou à l'avoir dans le flanc d'Herbigny à Remaucourt, car le général Vinoy ne pouvait supposer que le général de Hoffmann allait se porter le lendemain matin sur Novion-Porcien. Mais en examinant la question de près, on se rend compte qu'il n'était guère plus dangereux que le chemin de Novion-Porcien à Chaumont-Porcien.

Dans le cas où l'ennemi aurait été prévenu à temps, on devait craindre en effet qu'il arrivât sur cette dernière direction, soit à Wasigny, soit plus probablement à Givron par Inaumont et Herbigny, et il était nécessaire que la colonne atteignît et dépassât avant lui le point où se rencontrent les chemins qui vont d'Herbigny et de Wasigny à Givron. Cette bifurcation, située à un kilomètre au nord de Doumély, se trouve à treize kilomètres d'Ecly et à onze de Novion-Porcien.

Le 13e corps ayant six kilomètres de développement, sa tête devait donc franchir dix-sept kilomètres avant que la queue fût au delà de ce point dangereux.

Si l'on admet que pour ne pas être forcée de s'arrêter et de combattre, une colonne en retraite ne doit pas avoir l'ennemi derrière elle à moins de quatre à cinq kilomètres, il était nécessaire dans le cas actuel que la queue du 13e corps fût à cette bifurcation au plus tard au moment où son adversaire arriverait à Herbigny, ce qui revient à dire que pour ne pas avoir l'ennemi sur les bras avant d'arriver à Chaumont-Porcien, le général Vinoy devait nécessairement avoir une avance de dix à onze kilomètres sur le général de Hoffmann, c'est-à-dire une avance de trois heures.

Il est bien évident que ce raisonnement ne s'applique qu'à l'infanterie, puisque l'artillerie soutenue par la cavalerie, pouvait la devancer considérablement et rendre absolument insuffisantes ces trois heures d'avance.

Il est en outre facile de voir par l'examen du terrain, et, en ne considérant toujours que l'infanterie, que ce temps était un minimum.

Le premier objectif des Français étant Chaumont-Porcien, d'où ils comptaient gagner Wadimont, la partie du chemin comprise entre Givron et Chaumont, soit trois kilomètres environ, devait, à cause de sa direction est-ouest, leur faire perdre une partie de leur avance s'ils étaient poursuivis. L'ennemi n'aurait pas manqué en effet de quitter à Doumély la direction de Givron pour monter sur les hauteurs ou gagner Chaumont, soit par le ruisseau de la Planchette, soit par Adon, et de tomber ainsi dans le flanc de la colonne.

Ainsi avec trois heures d'avance seulement, le général Vinoy ne pouvait éviter le combat avant huit heures du matin aux environs de Chaumont-Porcien.

En lui supposant la même avance, et en adoptant l'itinéraire par Herbigny, la tête de colonne aurait atteint ce village, qui est à onze ou douze kilomètres de Novion, en trois heures, c'est-à-dire au moment où le général de Hoffmann aurait quitté Ecly qui en est lui-même distant de neuf kilomètres.

Ici le point dangereux à dépasser était la bifurcation des chemins qui vont d'Herbigny à ce village d'une part, et de l'autre, à Chappes et Remaucourt; cette bifurcation est exactement à huit kilomètres d'Ecly.

La colonne pouvait être engagée entièrement entre

ce point et la grand route de Rozoy en moins d'une heure et demie, de sorte que sa tête serait arrivée à un kilomètre de Remaucourt au moment ou la tête de l'infanterie ennemie aurait à peine dépassé Hauteville.

On aurait eu de cette façon l'ennemi dans le flanc, c'est vrai, mais on tenait la route de Montcornet, chose capitale, et mieux valait le combat entre Herbigny et Remaucourt qu'aux environs de Chaumont-Porcien, car, à tous les points de vue, le terrain y était beaucoup plus avantageux, surtout pour un combat d'artillerie que le général Vinoy n'avait pas à redouter.

Il y avait cependant à craindre, en passant par Herbigny, de voir l'ennemi tenir la bifurcation de la grande route avec le chemin qui y conduit de cette localité. Renseigné sur la direction prise par la colonne au départ de Novion, sans savoir cependant si elle se dirigeait sur Chaumont-Porcien ou sur Herbigny, et aussi sur l'avance qu'elle avait, le général de Hoffmann devait logiquement gagner Remaucourt le plus tôt possible, et, de là, pousser sur Chaumont ou menacer la direction de Chappes, suivant les renseignements qui lui parviendraient en cours de route.

Or, Remaucourt est à la même distance d'Ecly qu'Herbigny. Pour pouvoir en déboucher, ou même y arriver, il était nécessaire de s'emparer avant lui du terrain au sud que traverse la grande route, en particulier de la cote 170 qui est également éloignée d'Herbigny et d'Ecly. Le 13e corps aurait pu y jeter, par le chemin qui y conduit de Chappes, un détachement formé par une partie du 6e hussards, un bataillon de l'avant-garde et deux batteries.

Quelle que soit la manière dont on envisage la situation, le général Vinoy ne pouvait éviter le combat, s'il n'avait plus de trois heures d'avance sur son adversaire; mais ce qui devait peser surtout sur sa décision au sujet du choix de la ligne de retraite, c'était la nécessité impérieuse d'atteindre au plus tôt la route de Rozoy-sur-Serre, et de l'interdire à l'ennemi pour menacer le flanc de la colonne.

Il ne fallait donc pas passer par Chaumont-Porcien puisque cette direction retardait la solution en laissant la menace entière tant qu'on ne serait pas parvenu à Rozoy-sur-Serre, mais bien par Herbigny et Remaucourt, itinéraire qui n'exposait pas plus que l'autre le 13e corps à une rencontre.

Ces trois heures d'avance étaient d'ailleurs un minimum qu'on avait bien le droit d'espérer, car, en supposant que les avant-postes ennemis fussent avertis du départ des Français dès le premier instant, il fallait transmettre ce renseignement à Ecly et à Inaumont au milieu de la nuit, et réunir les troupes qui y étaient cantonnées.

Si le départ du 13e corps avait eu lieu à une heure du matin, c'était donc à quatre heures que le général de Hoffmann aurait dû commencer son mouvement pour empêcher la colonne d'être avant lui à Remaucourt, et le général commandant le 13e corps pouvait compter que, grâce aux précautions prises, et surtout au temps favorable, son départ ne serait connu qu'aux premières heures du jour, et qu'il aurait ainsi, au minimum, une avance de six à sept heures : c'est ce qui eut lieu effectivement.

De Novion-Porcien à Chaumont-Porcien.

A deux heures, les troupes du 13ᵉ corps étaient sur pied et le mouvement commencé ; ce ne fut pas sans peine, à cause de la nuit sombre et de la difficulté pour les unités de s'orienter, à cause surtout de l'état d'esprit des régiments de marche dont les hommes étaient impressionnés par les événements de la journée précédente, et surtout peu ou point habitués du tout aux opérations de nuit.

Le général Vinoy, semble-t-il, n'avait apporté aucun changement à l'ordre de marche des différents éléments bien que, à partir de ce moment, il dût craindre plutôt pour les derrières de la colonne que pour ses flancs. En outre, il pouvait y avoir intérêt à relever à l'arrière-garde le 35ᵉ par le 42ᵉ, car le premier de ces deux régiments avait eu affaire plusieurs fois dans la journée avec l'ennemi et à souffrir du feu de son artillerie ; il avait, sans doute, fourni aussi la plus grande partie des avant-postes.

Il est vrai que, indépendamment des autres raisons qui pouvaient exister, ce changement aurait eu l'inconvénient d'enlever au général qui avait sous ses ordres l'arrière-garde, un régiment qu'il avait déjà vu à l'œuvre depuis vingt-quatre heures, et de lui donner une nouvelle unité qu'il ne connaissait pas.

La tête de colonne était à peine partie que la pluie se mit à tomber abondamment, nouvelle cause d'alourdissement et de difficultés pour la marche ;

elle avait du moins l'avantage de rendre, par l'humidité des chemins, le roulement des voitures d'artillerie moins sonore ; mais elle ne cessa qu'au moment d'entrer à Wasigny.

Bien qu'aucun cavalier ennemi ne fût signalé sur les flancs ou sur les derrières, le général Vinoy avait hâte de dépasser Wasigny où aboutit le chemin venant d'Ecly, car il craignait d'être inquiété dans cette direction si le général de Hoffmann avait connu à temps son départ. Mais rien ne parut, et le beau temps étant revenu avec le jour, on put espérer avoir échappé aux Allemands.

Cependant Wasigny n'était pas le point le plus dangereux ; ce point était à quatre kilomètres plus loin, car si l'ennemi avait cherché à rejoindre la colonne avant qu'elle n'atteignît Chaumont-Porcien, il eût certainement suivi la direction d'Herbigny à Doumely qui, en allongeant son parcours d'un kilomètre seulement, lui permettait, en réalité, d'en gagner trois.

Là, encore, il ne se présenta pas.

Mais des difficultés d'un autre genre avaient commencé avec le jour. Les habitants de Begny et de Givron, se pressant autour des soldats, leur apportèrent des vivres, et les invitèrent à entrer chez eux : c'était plus qu'il n'en fallait pour tenter des hommes soumis aux privations et à la fatigue depuis trente-six heures.

Par suite de ces distributions de vivres, qui d'ailleurs étaient faites très inégalement, le désordre se mit dans les rangs, surtout au centre de la colonne, et l'arrière-garde qui, en arrivant dans les villages ne trouvait plus rien à manger, avait, en outre, beaucoup de peine à faire rejoindre les traînards ; on perdit ainsi un temps précieux.

La colonne atteignit Chaumont-Porcien à sept heures et demie, après une marche de moins de trois kilomètres à l'heure.

Le général Vinoy avait bien eu l'intention de s'y arrêter pour prendre un peu de repos, mais, par suite de l'accueil trop bienveillant des habitants du pays, il se vit forcé d'y faire une longue halte afin de reprendre les troupes en main, de reformer les rangs, et de permettre à l'arrière-garde de manger.

Au moment où le 42e y entrait, la pluie avait recommencé avec violence, et, à ce contre temps, était venu se joindre un incident qui aggrava la situation.

L'endroit choisi pour s'arrêter était une grande prairie, à Châtigny, immédiatement à l'ouest de Chaumont. Le général Blanchard qui marchait à l'avant-garde, conduit par un guide du pays, fut trompé par ce dernier, soit par erreur, soit à dessein ; au lieu de traverser Chaumont en entier de l'est à l'ouest, il engagea la tête de colonne dans la direction d'Ecly qui aboutit au milieu du village.

Heureusement le Général en chef s'aperçut à temps de cette erreur ; mais les troupes engagées dans cette direction durent rebrousser chemin, et il en résulta un pêle-mêle inextricable dans lequel les unités étaient confondues, désordre que l'on pouvait éviter en laissant le reste de la colonne s'écouler.

Le rassemblement du 13e corps se fit derrière un mamelon allongé et assez élevé qui s'étend au sud du village, et qui l'abritait dans la direction du sud-est.

Afin de protéger son installation contre une surprise possible, et d'assurer l'arrivée de l'arrière-garde très occupée à faire rejoindre les traînards qui encombraient le chemin entre Givron et Chaumont, six batteries avec un bataillon du 13e de marche furent établies sur ce mamelon, et une grand'garde placée au nord du village.

Ces avant-postes d'infanterie furent relevés par l'arrière-garde très fatiguée déjà par le service qu'elle faisait depuis le départ de Mézières, et on put remettre un peu d'ordre parmi les troupes sans être aucunement inquiété pendant qu'elles faisaient le café.

Mouvements des corps allemands le 3 septembre au matin.

A Chaumont-Porcien, le 13e corps était loin d'être hors de danger malgré les mauvaises dispositions prises par l'ennemi pour l'envelopper ou pour l'éloigner de son objectif. Mais, seul, le général de Hoffmann paraissait vouloir atteindre ce but et allait y apporter une volonté, une ténacité dignes d'un meilleur résultat.

S'il est démontré que le grand quartier général allemand fut peu renseigné sur la présence du 13e corps à Mézières, on peut croire qu'il ne le fut pas davantage sur sa retraite, car on ne trouve pas mention des ordres donnés pour la poursuite de la seule unité constituée en campagne qui restât aux Français après la capitulation de Sedan. Les événements montrèrent de quelle importance était cependant la capture ou la destruction de ce corps, à cause surtout de la nombreuse artillerie qu'il avait avec lui.

« Sous l'impression des rapports qui signalaient la présence, à Reims, de forces françaises considérables, dit la relation du grand état-major, le Commandant en chef de la IIIe armée avait donné des ordres dans la soirée du 2 septembre pour diriger aussitôt sur cette ville le VIe corps, ainsi que les 5e et 6e divisions de cavalerie. »

En conséquence, le 3 au matin, la 6e division dont des patrouilles du 15e uhlans auraient, d'après la même relation, harcelé la retraite des troupes françaises de Novion-Porcien sur Wasigny, cessait la poursuite et se rabattait sur Attigny qu'elle atteignait dans la journée.

Sans mettre en doute le rôle et l'existence même de ces patrouilles, il est singulier que la 6e division de cavalerie qui, dans l'après-midi du deux, avait repris tranquillement ses cantonnements autour de Poix dans la vallée de la Vence, sans plus de soucis de la colonne française contre laquelle elle n'avait rien tenté, ait poussé quelques-uns de ses éléments entre Novion-Porcien et Chaumont-Porcien; ces éléments se seraient ainsi portés à plus de seize kilomètres de Raillicourt où était cantonné le 15e uhlans, régiment détaché lui-même du gros de la division.

Dans quel but d'ailleurs ces patrouilles seraient-elles allées si loin dans la direction de l'ouest, puisqu'à la 6e division on croyait les Français au sud, vers Rethel ?

D'après le récit du général Vinoy, le 13e corps ne vit pas l'ennemi entre Novion et Chaumont-Porcien, et cette assertion paraît plus digne de foi que la version allemande.

La 5ᵉ division, qui avait pour mission de flanquer la droite du VIᵉ corps, se mettait en mouvement dès le 3 au matin, et arrivait sur la Retourne, à Bergnicourt et à Neuflize, de chaque côté de la voie ferrée de Rethel à Reims, avec son gros en arrière, à Tagnon.

Le général de Tümpling avait également prescrit aux deux divisions du VIᵉ corps de rompre le 3 septembre à huit heures du matin, et de se diriger, la 11ᵉ division et l'artillerie de corps, sur Juniville, la 12ᵉ sur Bignicourt; toutefois, l'ordre relatif à cette dernière portait l'indication suivante :

« S'abstenir de poursuivre la division ennemie qui marchait hier dans la direction de Rethel, si cela doit empêcher d'atteindre les points indiqués pour aujourd'hui. »

La 11ᵉ division et l'artillerie de corps, moins les deux batteries à cheval qui avaient été détachées la veille à la 12ᵉ division, exécutèrent le mouvement prescrit. La 12ᵉ division resta seule en présence de la colonne française par suite de la ténacité de son chef et d'un concours de circonstances qui favorisèrent le général Vinoy.

Mouvement de la 12ᵉ division. — Discussion sur l'opportunité de ce mouvement.

Conformément à l'ordre donné le 2 au soir, les divers détachements de la 12ᵉ division se mirent en mouvement le 3, à sept heures du matin, dans la direction de Novion-Porcien, car aucun renseignement de nature à faire modifier cet ordre n'était parvenu à son chef pendant la nuit.

De quelque façon que l'on envisage la question, ce mouvement sur Novion est incompréhensible.

Au premier abord, on ne peut prêter au général de Hoffmann l'espoir de trouver le 13e corps au bivouac devant lequel il ne pouvait arriver que vers dix heures, puisqu'il avait treize kilomètres à faire, car il ne lui était pas permis de supposer que le général Vinoy qui, la veille, avait assez montré sa volonté d'échapper au cercle qui menaçait de l'envelopper, s'attarderait à Novion.

Dès lors, si la colonne en retraite était partie à sept heures du matin seulement, heure tardive, dans la direction de l'ouest, la 12e division était condamnée à la suivre à distance, à moins que le 15e dragons, lancé en avant avec quelques batteries, ne réussît à l'arrêter et ne donnât le temps à l'infanterie prussienne d'arriver. Mais alors dans cette hypothèse pourquoi aller à Novion quand on pouvait prendre cette colonne en flanc ?

Logiquement, on ne peut donc admettre que cette idée, c'est que le commandant de la 12e division, encore convaincu, le 3 au matin, que les Français, n'ayant pas connaissance de son mouvement sur Ecly, devaient marcher sur ce village, croyait les rencontrer et les rejeter vers le nord pendant que les troupes venant de Rethel menaceraient leur flanc.

Toutefois, il ne pouvait se dissimuler que l'heure de son départ d'Ecly était tardive à la fois pour la saison et pour la situation dans laquelle se trouvait son adversaire, car celui-ci, partant au plus tard à six heures, était à même de le devancer à Séry qui est à mi-chemin d'Ecly et de Novion.

Il devait alors se rendre compte que si cette éventualité se produisait, il allait se trouver dans une situation peu favorable; Séry, en effet, est un point dominant que des mouvements de terrain renforcent encore dans toutes les directions, et la longue croupe qui s'étend au nord d'Inaumont n'eût été avantageuse pour l'attaque des Allemands, ni par sa forme qui ne permettait pas un déploiement de troupes, ni par son orientation par rapport aux positions occupées par les Français.

Mais n'ayant aucun renseignement sur eux, il est permis de croire que le général de Hoffmann n'entrevit pas cette hypothèse, et qu'il fut naturellement porté à penser que si le général Vinoy avait quitté Novion, il avait, lui aussi, commencé son mouvement assez tard.

Le détachement d'Inaumont pouvait, d'ailleurs, lui garantir, jusqu'à un certain point, l'occupation assez rapide d'Ecly, puisque ces deux villages sont à peine distants de quatre kilomètres. D'ailleurs, il comptait sans doute que le reste du VIe corps, dont il ignorait le départ dans la direction de Reims, l'appuierait en menaçant le flanc et les derrières de la colonne française.

Le général de Hoffmann avait déjà mis en mouvement les troupes d'Ecly, dit la relation du grand état-major, quand lui parvint du général commandant le VIe corps l'ordre de se diriger sur Reims; mais il croyait tellement à la réussite de sa combinaison qu'il prit le parti de ne pas abandonner sur-le-champ le mouvement déjà en voie d'exécution vers le nord.

Il était évidemment regrettable que cet ordre arrivàt si tard. La connaissance exacte des heures permettrait seule de voir si le général de Tümpling, évidemment renseigné sur le mouvement que devait faire la 12e division sur Novion le 3 au matin, n'aurait pas pu le lui faire parvenir avant le commencement de l'opération.

Ce qui est certain, c'est que la latitude laissée au commandant de la 12e division n'était qu'une demi-mesure.

D'une part, en effet, celui-ci ne pouvait avoir la prétention de s'emparer à lui seul ou de détruire la colonne française plus forte que ses deux détachements réunis ; il était, au contraire, exposé à subir un échec sans pouvoir être soutenu par les autres troupes du VIe corps, pour peu que son adversaire voulût tenter le passage de vive force.

D'autre part, si cet adversaire, continuant à refuser le combat, se dérobait vers l'ouest, il était impossible à la 12e division de le poursuivre si elle voulait arriver le soir à Bignicourt, cantonnement assigné par l'ordre du VIe corps, car la distance d'Ecly à cette localité est déjà de vingt-cinq kilomètres.

L'ordre donné à la 12e division ne semble pas cadrer d'ailleurs avec les intentions que la relation de l'état-major allemand prête au général de Tümpling. Celui-ci attachait, paraît-il, une importance particulière, dans les circonstances actuelles, à la prompte occupation de Reims. Alors pourquoi laissait-il à son subordonné la liberté d'action que l'on sait?

Etant à Rethel quand il reçut les ordres du Prince royal, il lui était facile de se renseigner sur la situation, et de prendre, dès le 3 au matin, les mesures nécessaires soit pour faire opérer toutes les troupes de son corps d'armée contre le général Vinoy, si celui-ci marchait sur Château-Porcien, et pour les reporter ensuite sur la Retourne qu'il voulait occuper le soir, soit pour abandonner la poursuite d'une façon ferme, si cette poursuite ne devait pas lui permettre d'atteindre à la fin de la journée les cantonnements qu'il s'était assignés.

De cette façon, il eût réellement commandé ses troupes et concilié la situation avec les instructions du commandant de la IIIe armée.

Au contraire, en laissant agir la 12e division alors qu'il pouvait lui donner des ordres précis, il continuait à se désintéresser du résultat que son subordonné poursuivit avec opiniâtreté, et il risquait en même temps de voir cette division lui échapper pendant quelque temps, et de retarder ainsi l'occupation de Reims qui devenait son objectif immédiat.

Il y a dans la conduite du général commandant le VIe corps un manque de commandement résultant ou bien d'un laisser aller qu'on n'est pas habitué à voir dans les opérations des Allemands en 1870, ou, ce qui paraît plus vraisemblable, de la situation fausse dans laquelle le Prince royal le mettait en l'obligeant à marcher rapidement sur Reims, alors qu'il pouvait facilement envelopper le 13e corps avec l'aide des 5e et 6e divisions de cavalerie. Evidemment c'est parce qu'il a voulu concilier ces ordres avec la situation, qu'il a laissé au général de Hoffmann une liberté relative pour la poursuite.

On en peut conclure, ainsi qu'il a déjà été dit, que

le grand quartier général n'a pas été renseigné sur le 13ᵉ corps dans les premiers jours de septembre, et qu'il en est résulté un manque d'unité dans les opérations : de là des fautes commises qui ont surtout permis au général Vinoy de s'échapper et d'aller former le noyau de la résistance à Paris.

Aussi, dans cet ordre d'idées, a-t-on été jusqu'à dire que la relation allemande, afin de couvrir ces fautes et ce manque d'entente dans le haut commandement, n'avait pas dans le récit de ces événements serré la vérité autant qu'elle aurait pu le faire, et que, en particulier, elle aurait tout expliqué par la nécessité, après coup, d'occuper le plus tôt possible Reims où de nombreux contingents auraient été signalés.

Cette supposition est basée sur une erreur, car les auteurs qui l'ont exprimée ont cru à tort que la division d'Exéa avait quitté cette ville le 1ᵉʳ septembre, et que le 2, il n'y restait plus que quelques gardes nationaux. Or, elle n'en partit que le 4, au matin.

Le grand quartier général était donc bien renseigné, et c'est en toute connaissance de cause qu'il a dirigé, dès le 3, le VIᵉ corps ainsi que les 5ᵉ et 6ᵉ divisions de cavalerie sur la Vesle afin de s'ouvrir le plus tôt possible la route de Paris. Son système de renseignements devait d'ailleurs très bien fonctionner dans cette région où, de notoriété publique, il y avait de nombreux Allemands depuis les invasions du premier Empire.

Ainsi, le général de Hoffmann n'avait reçu l'ordre du général de Tümpling, concernant le mouvement du VIᵉ corps sur Reims, qu'après avoir quitté Ecly, et, ne voulant pas renoncer à son plan, il continuait à marcher sur Novion.

C'est là évidemment la meilleure preuve qu'il comptait rencontrer l'adversaire entre ces deux localités, ou, si l'on veut bien lui prêter cette naïveté, le surprendre dans ses bivouacs à Novion même. Sinon, il faudrait admettre que, négligeant l'ordre du général commandant le corps d'armée, il a opéré pour son compte.

De toutes façons, il ne pouvait exécuter cet ordre, du moment qu'il était résolu à aller jusqu'à Novion, puisque la distance de ce village à Ecly étant de treize kilomètres, il aurait eu à faire ensuite trente-huit kilomètres pour arriver à Bignicourt; ses troupes auraient donc dû parcourir en tout cinquante et un kilomètres dans la journée.

Si même il avait rencontré le général Vinoy entre Ecly et Novion, ce ne pouvait être qu'assez tard dans la matinée. Jusqu'à sept heures du matin, il n'avait encore aucun renseignement sur lui, et quelque dût être le résultat de cette rencontre, poursuite ou retraite, il aurait eu au minimum trente kilomètres à parcourir avec des troupes fatiguées pour atteindre son cantonnement sur la Retourne.

Mais le général de Hoffmann ne dut voir que la réalisation de son plan commencé la veille au soir, et, plein de confiance dans le succès de sa combinaison, malgré l'éloignement des forces qui pouvaient le soutenir, il était résolu à aller jusqu'au bout.

La mauvaise fortune, qui joue un si grand rôle à la guerre, devait le laisser dans son erreur jusqu'à une heure très avancée dans la matinée, jusqu'au moment où il arriva en vue de Novion-Porcien.

Au point du jour, une patrouille d'officier du 15ᵉ dragons, ayant constaté que les bivouacs de Novion étaient abandonnés, ce régiment s'était avancé vivement et sans retard, et « un dragon avait été chargé de porter ce renseignement au général de Hoffmann à Ecly ; il ne l'y trouvait plus ; le général en était déjà parti avec sa division, de sorte que, pour le moment, il continuait d'ignorer cette importante nouvelle ».

Ce fut le salut du 13ᵉ corps, car il n'est pas douteux, que, prévenu à temps, le commandant de la 12ᵉ division n'eût marché aussitôt sur Chaumont-Porcien, où il l'aurait surpris à coup sûr au repos près de ce bourg.

Ce fait, raconté par la relation allemande, montre l'importance qu'il faut attacher aux moyens de correspondance.

Dans le cas actuel, la valeur du renseignement nécessitait plus qu'un simple cavalier, si intelligent qu'il fût, car ce cavalier, envoyé sans doute d'un point entre Vauzelles et Corny-la-Ville, c'est-à-dire d'un point situé à vol d'oiseau à douze kilomètres au moins d'Ecly, n'avait pas de chemin direct pour s'y rendre, et ce qui compliquait encore sa mission c'est qu'il pleuvait, et que la brume empêchait de bien se rendre compte du terrain.

Mais pourquoi l'envoya-t-on à Ecly alors qu'on connaissait la mise en mouvement de la 12ᵉ division dès sept heures du matin sur Novion-Porcien ? Il fallait évidemment l'envoyer non pas à Ecly directement, mais sur la route qui relie ces deux localités, tout au moins à Inaumont qu'il aurait gagné par Arnicourt. Que le général de Hoffmann fût déjà en route avec la colonne, ou qu'il ne fût pas encore sorti d'Ecly, l'estafette était sûr de le trouver en ne s'exposant pas à perdre un temps précieux.

Les Allemands ne disent pas à quelle heure ce dragon arriva à Ecly, ni ce qu'il fit ensuite pour trouver le général de Hoffmann. Cependant il dut bien avoir des renseignements dans ce village sur la colonne prussienne en supposant qu'elle l'eût déjà quitté tout entière, et, à moins d'y être arrivé fort tard, il pouvait espérer le rejoindre avant son arrivée à Novion, ou tout au moins lui faire parvenir le renseignement dont il était chargé.

Il faut donc admettre que le service de correspondance n'était pas très bien organisé au 15e dragons, ou que cette question est laissée dans l'ombre par le récit allemand, à dessein peut-être.

« L'aile gauche de la 12e division, ajoute ce récit, venait précisément de se mettre en marche quand une patrouille de dragons mandait que l'ennemi était à Séry et à la Maladrie; des prisonniers amenés immédiatement après confirmaient cette indication. Les troupes qui tenaient la tête de la colonne se portent alors sur Séry, tandis que les bataillons et les batteries qui suivaient reçoivent l'ordre de se diriger vers les hauteurs au nord d'Inaumont. »

Tout concourait donc, l'absence des renseignements vrais d'une part et de l'autre des renseignements faux, à confirmer le général de Hoffmann dans son projet. Il est heureux pour lui que ce concours de circonstances puisse, jusqu'à un certain point, pallier la faute qu'il faisait en allant à Novion.

Et si ces prisonniers français, probablement des déserteurs ou des maraudeurs attardés, qui se trouvèrent à point pour confirmer le renseignement de la patrouille de dragons, étaient coupables d'avoir déserté leur poste de combat, ils rendirent du moins au 13e corps le signalé service d'induire en erreur le général prussien, et de lui laisser continuer sa route jusqu'à Novion-Porcien.

Ce n'est, paraît-il, qu'en arrivant dans ce village vers neuf heures et demie, que le commandant de la 12e division, n'ayant pas trouvé trace des Français, apprenait par le 15e dragons et par « quelques traînards enlevés à l'ennemi » que le général Vinoy était parti « depuis six heures du matin ».

Vraiment son illusion avait duré longtemps, malgré « une pluie battante qui empêchait de distinguer le pays et de se rendre compte de la véritable situation. »

Cependant, arrivé à Séry et n'y trouvant aucune indication de la présence de son adversaire, il aurait dû au moins avoir quelque doute sur le résultat de sa combinaison. Ici, on est obligé de reconnaître qu'il a dû avoir le naïf espoir que les Français, perdant un temps précieux, n'avaient pas quitté leurs bivouacs, et qu'il allait les y enfermer; sinon pourquoi de Séry aurait-il continué sa marche sur Novion?

Il avait le plus grand intérêt à ne pas quitter Séry avant de savoir si le 13e corps était encore sur ce point, car, à moins d'être en mouvement dans la direction du nord-ouest, celui-ci n'était certainement pas sur la route que suivait la 12ᵉ division, puisque les six kilomètres qui séparent Séry de Novion étant en terrain découvert et parfaitement vus des hauteurs, il n'était même pas signalé.

D'ailleurs, il était indiqué d'envoyer des reconnaissances sur Novion à partir du moment ou l'on s'était aperçu que Séry n'était pas occupé et que la colonne ennemie n'était pas en vue de ce village, et, une fois renseigné, de marcher immédiatement sur Wasigny. On aurait, de cette façon, gagné plus de six kilomètres, c'est-à-dire plus d'une heure et demie de marche.

D'autre part, comment le 15ᵉ dragons, qui était arrivé de bonne heure à Novion, y était-il resté? et pourquoi surtout n'avait-il pas porté du monde sur la route par laquelle arrivait la 12ᵉ division, afin de savoir ce qui se passait dans cette direction, en particulier, si, à la suite du renseignement envoyé au premier moment par un dragon, la marche de la division n'avait pas été modifiée?

En outre, le commandant de ce régiment avait certainement dû apprendre, dès son arrivée dans le village, quelle direction avaient prise les Français. Pourquoi alors n'en avait-il pas prévenu immédiatement le général de Hoffmann, en faisant porter ce renseignement important sur le chemin suivi par la division?

Il paraît bien peu probable que cela n'ait pas été fait. Mais quoiqu'il en soit, il n'est plus possible, après l'examen de ces considérations, d'excuser le général de Hoffmann qui, ou bien a manqué d'intelligence et de savoir faire dans cette circonstance, ou bien s'est entêté d'une façon incompréhensible à marcher malgré tout sur Novion qu'il s'était fixé la veille au soir comme objectif.

« Sur ces entrefaites, dit l'état-major allemand, on avait aussi reçu l'avis que les deux divisions de cavalerie (5e et 6e) ne continuaient plus leur poursuite. Cependant, les récits des prisonniers et les divers renseignements autorisaient à croire qu'il n'était pas encore impossible de rejoindre l'adversaire ».

Nos ennemis n'étaient vraiment pas heureux avec les renseignements qu'ils recueillaient, et, à les en croire, il semblerait que tout le monde, habitants et prisonniers, s'entendait à souhait pour les induire en erreur. Il est difficile d'ajouter entièrement foi à ce récit que l'on est tenté de qualifier de fantaisiste, récit écrit après coup pour atténuer et excuser même les erreurs du commandement, et digne de l'épopée dédiée à la gloire de l'armée allemande.

A qui persuadera-t-on, en effet, que le 15e dragons, depuis plusieurs heures déjà à Novion quand y arriva la 12e division, ne savait pas à quelle heure de la nuit était parti le 13e corps? Tous les habitants, qui sans doute n'avaient pas dormi, le savaient, et mieux que personne les prisonniers, qui décidément avaient l'art de tromper l'ennemi; aussi ne paraît-il pas possible d'admettre que les Allemands ne l'aient pas connue à neuf heures et demie du matin.

C'est ici que le général de Hoffmann montre d'une façon évidente l'entêtement, à défaut d'intelligence de la situation, qui l'a poussé à Novion.

Son adversaire a plus de sept heures d'avance, et son départ au milieu de la nuit montre assez qu'il a hâte de s'éloigner dans la direction du nord-ouest afin d'échapper à l'étreinte qui le menace depuis la veille.

Lui-même est abandonné à ses seuls moyens puisque les forces en mesure de le soutenir ont quitté les bords de l'Aisne, et, à ce moment déjà, il ne peut plus exécuter l'ordre du commandant du VIe corps que s'il se dirige immédiatement sur Bignicourt, car il a trente-huit kilomètres à faire.

Le temps est détestable, et ses troupes, qui sont mouillées, ont déjà fait treize kilomètres en toute diligence.

N'importe, il va s'acharner à la poursuite d'un adversaire qui a cependant montré quelque habileté depuis vingt-quatre heures, et se lancer aveuglément dans une direction divergente de celle où opèrent les autres corps allemands.

En effet, « il lance immédiatement à la suite de l'adversaire, de Novion-Porcien, le 15e régiment de dragons avec les deux batteries à cheval ; puis il achemine également dans la même direction le reste de la colonne de gauche. Les troupes venant de Rethel (colonne de droite, sept compagnies et deux batteries) débouchaient à leur tour sur Novion-Porcien à onze heures, et recevaient l'ordre d'y faire halte pour le moment ».

Ainsi, les troupes de la 12e division laissées la veille au soir à Rethel arrivaient à Novion une heure et demie après celles d'Ecly, quoiqu'elles eussent à parcourir une distance moindre que celles-ci.

CHAPITRE IX

Journée du 3 septembre (*suite*).

SOMMAIRE

Le général Vinoy se voit forcé de gagner Seraincourt.
Départ du 13ᵉ corps de Chaumont-Porcien.
Attaque de Chaumont-Porcien par la 12ᵉ division.
Suite de la retraite du 13ᵉ corps dans la journée du 3 septembre.
Le général Vinoy prend la résolution de marcher sur Marle.
Dispositions prises à la 12ᵉ division dans la soirée du 3 septembre.

Le général Vinoy se voit forcé de gagner Seraincourt.

Il était regrettable pour le général Vinoy qu'il dût s'arrêter à Chaumont-Porcien, car il n'était pas hors de danger tant qu'il ne serait pas maître de la route d'Ecly à Rozoy si avantageuse pour l'ennemi.

De plus, ainsi que le dit lui-même le Général « la position choisie pour la grand'halte n'était pas exempte de dangers; le déploiement des troupes qui s'y trouvaient massées serait certainement, en cas d'attaque, très difficile, très long et par conséquent très meurtrier, surtout si l'ennemi se montrait avec du canon sur les hauteurs voisines. » Et cependant la colonne française, arrivée à Chaumont entre sept et huit heures, ne se remit en mouvement que vers midi.

De ce bourg le commandant du 13ᵉ corps avait

compté gagner directement Rozoy-sur-Serre par Wadimont, Rubigny et Raillimont. Mais ce chemin, qu'il croyait praticable, était en mauvais état sur certaines parties de son parcours, et, à cause des pluies surtout, l'artillerie aurait eu beaucoup de mal à en sortir. Il voulut vérifier lui-même ces renseignements donnés par les habitants, et il fut obligé d'en constater l'exactitude.

C'était un contretemps fâcheux; mais, tout en continuant à faire croire qu'il avait toujours Rozoy comme objectif, le Général résolut d'atteindre Montcornet le soir même en gagnant sans tarder, par Logny et Seraincourt, la route d'Ecly à Rozoy. La colonne suivrait cette route jusqu'à Fraillicourt où elle prendrait l'excellent chemin, qui, descendant le Hurtaut, conduit à Montcornet, chef-lieu de canton, qui offrait de nombreuses ressources à tous les points de vue.

De Chaumont-Porcien à Seraincourt, on compte six kilomètres. Le chemin longe le ruisseau de Saint-Fergeux qui est profondément encaissé : c'est un véritable défilé. De plus, il descend presque directement au sud, car Seraincourt n'est qu'à deux à trois kilomètres de Remaucourt, et en gagnant la première de ces deux localités par Chaumont, la colonne s'était élevée inutilement au nord-ouest pour redescendre ensuite au sud, et atteindre la route de Rozoy à peu près au point où elle aurait débouché si elle avait pris le chemin d'Herbigny.

Elle se rapprochait donc d'Ecly, et, en tenant compte de la diéffrence de longueur entre ces deux itinéraires et de la distance qui sépare Seraincourt de Remaucourt, elle allait trouver la grande route une heure plus tard au moins, que si elle avait pris la direction de Wasigny à Herbigny.

En se dirigeant sur Seraincourt, le général Vinoy perdait donc une partie de l'avance qui lui était nécessaire pour échapper aux Allemands, et, circonstance aggravante, il se rapprochait d'eux.

Avaient-ils renoncé à la poursuite? C'était peu probable. Au moment où le commandant du 13e corps prenait sa décision, l'ennemi devait connaître la direction qu'il avait prise, et conséquemment chercher à le rejoindre en gagnant Chaumont-Porcien par Remaucourt.

C'était là évidemment l'hypothèse la plus problable, la seule qu'il fût permis d'envisager. Or, il ne fallait pas plus de deux heures au général de Hoffmann pour accourir d'Ecly sur les hauteurs qui bordent la rive gauche du ruisseau de Saint-Fergeux et tenir sous son canon la colonne qui, longue de six kilomètres, et ayant à parcourir au pied de ces hauteurs un défilé de six à sept kilomètres, allait se trouver pendant trois heures dans une situation des plus critiques.

L'itinéraire par Seraincourt exposait donc le 13e corps au plus grand danger qu'il eût encore couru depuis son départ de Mézières.

Sans doute, il était d'une importance capitale d'être maître de la route le plus tôt possible, et, malgré le danger, le général Vinoy dut être tenté d'y arriver par Seraincourt, puisqu'il n'avait que six kilomètres à faire pour atteindre cet objectif. Mais aussi la possibilité d'y trouver l'ennemi et de ne pouvoir en déboucher était telle que mieux valait, à ne considérer que cette éventualité, renoncer à cette solution, et gagner Fraillicourt par la Hardoye.

La distance à parcourir étant de onze kilomètres, soit cinq de plus qu'en allant à Seraincourt, il serait arrivé sur la route une heure plus tard environ, c'est vrai, mais, en réalité, il aurait gagné deux kilomètres sur son adversaire puisque la distance entre ce village et Fraillicourt est de sept kilomètres.

D'ailleurs, de Wadimont, il pouvait, suivant les circonstances et l'état des chemins, gagner rapidement cette localité ou continuer sa marche sur Rozoy, tandis que s'il avait eu affaire à l'ennemi dans le ravin du ruisseau de Saint-Fergeux ou à Seraincourt, il était exposé à un désastre sans avoir la possibilité de regagner sa ligne de retraite.

Le chemin par la Hardoye et Wadimont, tout en éloignant la colonne de la sphère d'action de l'ennemi, avait en outre l'avantage de la soustraire à une attaque de flanc; celui-ci ne pouvait plus l'atteindre qu'en la suivant ou en se portant contre elle par Fraillicourt.

Tout conseillait donc au général Vinoy d'adopter cet itinéraire, puisque n'ayant pas cru pouvoir atteindre la grande route par Remaucourt en profitant de sa marche de nuit, il n'était plus temps dans la matinée de chercher à s'en rendre maître en se portant de Chaumont à Seraincourt.

Ce sont là les considérations que suggère l'examen de la situation et du terrain, et cependant, grâce aux fautes commises par le général de Hoffmann, la marche sur Seraincourt sauva le 13e corps. A onze heures, en effet, le mouvement par la Hardoye n'était plus possible, ainsi que le montrent les événements; la fortune favorisait le général Vinoy, sans qu'il s'en rendît compte, au delà de ses espérances.

Comme les troupes étaient fatiguées, il craignait de laisser derrière lui « une foule de traînards toujours compromettants pour le bon ordre et le succès d'une retraite »; il voulait, en outre, faciliter la marche de l'arrière-garde qui avait eu fort à faire, avant d'arriver à Chaumont, pour faire rejoindre ces traînards.

« Pour remédier à cet inconvénient qu'il était facile de prévoir, dit-il, il fit partir en avant, avec quelques gendarmes, un officier de son état-major qui fut chargé de se rendre dans chaque village que nous allions traverser, et d'y réquisitionner toutes les voitures et tous les attelages qu'il pourrait trouver pour servir au transport des bagages et des hommes que leur excès de fatigue empêcherait de suivre la colonne. »

Les résultats produits par cette mesure montrèrent combien elle était excellente et prise à propos.

Départ du 13ᵉ corps de Chaumont-Porcien.

Il était environ midi quand les grand'gardes signalèrent, dans la direction de Givron et d'Adon, les premiers coureurs ennemis qu'elles accueillirent à coups de fusils, car ils s'étaient approchés audacieusement pour reconnaître l'emplacement de la grand'halte.

L'ordre de départ fut aussitôt donné, et la colonne s'engagea dans le défilé de Logny, Seraincourt, masquée par les hauteurs qui bordent la rive gauche du ruisseau.

Ainsi, il avait fallu l'arrivée de la cavalerie prussienne pour déterminer le général Vinoy à reprendre sa marche. Quelles étaient donc les raisons pour lesquelles il s'attardait à Chaumont, perdant ainsi le bénéfice de sa marche de nuit? Il ne s'en explique pas; mais en restant près de cinq heures sur ce point, il allait presque donner gain de cause à l'opiniâtreté de son adversaire qui n'avait pas encore désespéré de l'atteindre.

Que serait-il advenu si ce dernier, au lieu de passer par Novion, avait gagné directement Chaumont? Les Français lui avaient laissé tout le temps d'y arriver et de les y surprendre en posture désastreuse.

L'arrière-garde venait à peine de rompre qu'on entendit le canon, et que les premiers obus tombèrent sur Chaumont, où se trouvaient encore quelques traînards.

A ce moment, le général Vinoy ne se rendit pas compte de la situation. Ainsi qu'il ressort de son récit, fait cependant quelque temps après, il crut à l'attaque du village d'un côté par le VIe corps venant d'Ecly par Remaucourt, de l'autre, par une division de cavalerie détachée de l'armée de Sedan, et accourant par Signy-l'Abbaye.

C'était le 15e régiment de dragons, appuyé par les deux batteries à cheval de l'artillerie de corps, qui lui avait fait croire à la présence d'une division de cavalerie dans la direction de Givron.

Craignant que cette cavalerie ne tentât de déboucher de Chaumont à la suite de ses troupes, il fit prendre position à deux batteries près du moulin à l'ouest de Logny ; mais cette artillerie n'eut pas à s'engager. Elle ne devait d'ailleurs le faire qu'à la dernière extrémité, puisque son feu n'aurait pas manqué d'attirer sur le mouvement de la colonne l'attention du VIe corps que l'on croyait à proximité.

Pendant que des coups de feu étaient échangés entre les quelques hommes restés à Chaumont et les éclaireurs ennemis, et que l'artillerie allemande canonnait le village, le 13e corps continuait sa marche aussi silencieusement que possible, persuadé que les défenseurs de cette localité attiraient toute l'attention du corps allemand et l'empêchaient de surveiller la retraite.

« Le mouvement de la colonne, dit le général Vinoy, était masqué par les hauteurs qui dérobaient à l'ennemi la vallée où il s'opérait, et si celui-ci, qui avait pris une direction parallèle à la nôtre en marchant droit devant lui, mais toutefois en sens inverse, avait pu se douter du mal qu'il nous aurait fait en attaquant à ce moment même notre flanc gauche, la retraite du 13e corps se serait peut-être trouvée une fois encore bien gravement compromise. »

Si l'on comprend les angoisses par lesquelles dut passer le Général qui, attaqué en queue, croyait avoir tout un corps d'armée défilant à moins de deux kilomètres sur son flanc gauche, on ne s'explique guère qu'il n'ait pas été bientôt renseigné, ce qui lui était facile, et qu'il ait pu croire à la présence de forces aussi importantes marchant sans reconnaître le terrain, en particulier le chemin de Seraincourt à Chaumont.

On est porté à en conclure que la cavalerie française ne flanquait pas la colonne qui, pelotonnée, ramassée sur elle-même, s'avançait les yeux fermés pour ne pas voir le danger, croyant ainsi y échapper.

Ce récit montre en outre que le Général savait à quoi il s'exposait en gagnant Seraincourt à une heure aussi avancée de la journée, après avoir perdu l'avance que lui avait donnée sa marche de nuit.

Persuadé que les Allemands ne pouvaient continuer leur poursuite que par Remaucourt, il tentait de nouveau la fortune en espérant leur échapper sans être aperçu. Ici encore, comme dans le choix de la ligne de retraite en partant de Mézières, il allait au-devant des difficultés en jouant sa dernière carte.

Mais par la faute de son adversaire, les événements devaient lui donner raison, car par miracle, sa retraite se faisait par la seule direction qui restât ouverte, contrairement à ce qu'il lui était permis de supposer.

Attaque de Chaumont-Porcien par la 12e division.

Il était près d'une heure lorsque les deux batteries à cheval qui, avec le 15e dragons, avaient devancé la 12e division, ouvrirent le feu contre Chaumont.

Depuis Novion-Porcien, il avait été facile à l'ennemi de suivre la colonne française à la piste, car elle avait laissé de nombreuses traces de son passage dans les villages traversés, en particulier quelques traînards qui furent faits prisonniers.

Dès que les premières patrouilles du 15e dragons eurent signalé la présence des Français au sud-ouest du village, le général de Hoffmann, qui accompagnait le gros du régiment, avait aussitôt donné l'ordre aux deux batteries de se porter en avant sous la protection de deux escadrons.

« Elles prirent position, dit la relation allemande, sur les hauteurs à l'ouest de Givron, d'où elles canonnèrent à la fois Chaumont-Porcien et le chemin creux de Logny dans lequel on voyait défiler l'ennemi. L'artillerie française ne ripostait pas. »

A ce moment, le gros du 13e corps était déjà engagé tout entier dans ce chemin de Logny, et, des hauteurs qu'occupait l'artillerie allemande, sans doute celles de la cote 152, on ne pouvait voir évidemment que la gauche de la colonne et l'arrière-garde. Cette artillerie ne pouvait d'ailleurs tirer que dans la direction de Logny à cause des pentes du mamelon qui s'allonge au sud de Chaumont, et son tir devait être d'autant moins efficace qu'elle se trouvait à quatre kilomètres au moins du chemin suivi par les Français.

Quant à l'artillerie française qui ne ripostait pas, il s'agit probablement des deux batteries en position près du moulin de Logny, qui avaient pour mission de tenir l'assaillant à distance et de ralentir sa poursuite. Elles ne s'engagèrent pas, en effet, et rejoignirent la grande route en passant par le hameau de Forest.

Les obus lancés sur Chaumont y jetèrent naturellement la panique, et les traînards qui s'y étaient attardés firent croire aux Allemands que le village était encore occupé par de l'infanterie. L'artillerie se mit donc en devoir d'en préparer l'attaque en attendant l'infanterie de la division, pendant que le 15e dragons se contentait d'observer et d'attendre.

L'ennemi ne chercha pas à savoir ce qui se passait entre Logny et Seraincourt, de sorte que la colonne ne fut nullement inquiétée; il n'avait plus en vue que l'attaque de Chaumont-Porcien.

Dès que le bataillon de tête de l'infanterie prussienne parut sur le terrain, on le lança « en partie le long de la route, en partie par le bas-fonds boisé d'Adon, sur Châtigny, où, au dire des patrouilles, un petit corps français de deux bataillons avec six pièces, avait pris position pour couvrir la retraite; mais les compagnies prussiennes ne trouvèrent plus que des traces de campement. »

Le général de Hoffmann s'est-il rendu compte de la situation? Il est permis d'en douter quand on le voit attendre devant Chaumont l'arrivée de son infanterie. Puisque des hauteurs à l'ouest de Givron, où l'artillerie à cheval avait pris position, il voyait défiler la colonne française, il devait penser que Chaumont n'était défendu que par une arrière-garde dont il n'avait que faire, puisque pendant ce temps son adversaire lui échappait.

N'avait-il donc fait tant de combinaisons et de chemin que pour enlever un village à une arrière-garde?

D'ailleurs, en supposant que tout d'abord il ait pu croire à une occupation sérieuse de Chaumont, il ne pouvait tarder à revenir sur cette idée. Il n'était pas probable, en effet, qu'une arrière-garde pût s'y attarder pendant que le gros des troupes s'éloignait le plus rapidement possible, à moins d'admettre que cette arrière-garde eût à remplir un rôle de sacrifice que ni la situation, ni la position de Chaumont par rapport à la direction suivie par le 13ᵉ corps n'imposaient.

Les coups de feu que le 15ᵉ dragons essuya devant cette localité n'étaient pas une raison suffisante pour faire croire au général allemand qu'elle était occupée par une troupe chargée de la défendre.

Il lâcha donc la proie pour l'ombre, puisque quelques traînards qui avaient fait le coup de feu après le retrait des avant-postes, avaient immobilisé un régiment de cavalerie et deux batteries jusqu'à l'arrivée des premières forces d'infanterie, c'est-à-dire jusque vers deux heures. Il semble qu'il ne fut pas bien renseigné sur ce qui se passait à Chaumont, et que la reconnaissance de cette localité par le 15ᵉ dragons fut insuffisante ou l'induisit en erreur.

Mais quelle que soit la raison donnée pour motiver la conduite du général allemand dans cette occasion, on peut toujours se demander pourquoi, voyant des hauteurs de Givron la colonne française engagée dans le ravin du ruisseau de Saint-Fergeux, il ne chercha pas quand même à gagner la rive gauche du ruisseau avec les troupes qu'il avait sous la main.

Sans doute le terrain ne lui était pas favorable, car dans cette région tous les chemins praticables aboutissent à Chaumont, et il n'avait d'autres voies transversales que des chemins de terre pour gagner par Adon le chemin de Chaumont à Remaucourt; mais la situation était telle qu'il devait tout tenter pour y arriver.

C'était, en effet, la dernière chance qui lui restât d'atteindre la colonne française, car celle-ci une fois à Seraincourt, il ne fallait plus songer à la poursuite;

elle était sauvée puisqu'elle tenait sa ligne de retraite. Or, si l'artillerie allemande avait paru sur les hauteurs du ruisseau, qui sait ce qui fût advenu, étant donné surtout que le général Vinoy croyait la plus grande partie du VIe corps prussien à petite distance sur son flanc gauche ?

La volonté et l'énergie du commandant de la 12e division devaient venir échouer devant Chaumont-Porcien, malgré la dernière chance que la fortune lui offrait encore entre midi et une heure. Il ne paraît pas, d'après le grand état-major allemand, qu'il ait tenté quoi que ce soit pour en profiter, ni même qu'il ait entrevu cette chance; il fallut l'entrée du 1er bataillon du 63e dans le village pour lui faire voir la situation.

Aussi, à partir de ce moment, renonçant à la poursuite, il se contenta d'attendre les autres troupes de sa division qu'il avait lancées derrière le 13e corps.

« L'ennemi se retirait si rapidement, dit la relation allemande, que le général de Hoffmann, désormais privé du concours d'une puissante cavalerie, ne pouvait plus se flatter de le contraindre à faire halte. Dans ces conditions, il renonçait donc à pousser plus loin sa poursuite, et il s'établissait en cantonnements d'alerte autour de Chaumont et de Novion-Porcien (pour les troupes de la division venant de Rethel). »

Il est vrai de dire aussi que les troupes arrivées à Chaumont étaient en marche depuis sept heures du matin, et qu'elles venaient de faire trente kilomètres sous une pluie torrentielle et par de mauvais chemins; elles étaient fatiguées et incapables de continuer l'effort avant d'avoir pris du repos.

Suite de la retraite du 13e corps dans la journée du 3 septembre.

Cette fois, le 13e corps était bien hors de danger, grâce surtout à un concours de circonstances inespérées.

Pendant que le général de Hoffmann s'immobilisait devant Chaumont-Porcien, le général Vinoy atteignait Seraincourt. Il tenait dès lors sa ligne de retraite que l'ennemi ne pouvait plus lui intercepter, et les plateaux successifs que la route franchissait jusqu'à Fraillicourt, lui permettaient, par le déploiement de son artillerie, de tenir à distance son adversaire si celui-ci continuait à s'attacher à ses pas.

Mais si les vieilles troupes prussiennes étaient fatiguées, les jeunes troupes françaises étaient harassées par les efforts considérables qu'elles avaient fournis depuis plusieurs jours. A Fraillicourt, que la tête de colonne atteignit à trois heures, il fallut faire halte.

Rozoy-sur-Serre, que le général Vinoy avait dû renoncer à atteindre de Chaumont-Porcien, n'en était distant que de cinq kilomètres, et il était bien tentant d'aller y passer la nuit autant à cause de la fatigue de la colonne que de l'heure avancée.

Moncornet, au contraire, était encore à treize kilomètres de là.

Malgré le nouvel effort qu'il était encore nécessaire de demander aux hommes, le Général en chef n'hésita pas et prit immédiatement ses dispositions pour bivouaquer dans cette dernière ville. Rozoy lui semblait sans doute trop rapproché de l'ennemi, bien que celui-ci eût disparu depuis le milieu de la journée, pour ne pas craindre une surprise toujours possible. Moncornet, plus éloigné, avait en outre l'avantage d'être dans la direction de l'ouest, et de rapprocher la colonne de Laon qui devenait son objectif, et que l'on pouvait espérer atteindre le lendemain.

D'ailleurs, la poursuite dans cette direction devenait moins probable, car un parti relativement peu nombreux de forces ennemies ne pouvait se lancer si loin du gros des armées envahissantes.

Ce fut surtout dans cette partie de la route que furent réquisitionnées des voitures pour le transport des éclopés, car de Fraillicourt à Montcornet on devait traverser cinq villages. Les troupes y furent accueillies avec la même hospitalité désastreuse pour la discipline que le matin avant Chaumont-Porcien. Les haltes devenaient impossibles, car les hommes qui s'arrêtaient ne voulaient plus se relever, et les voitures étaient prises d'assaut.

« Il fallait bien s'attendre, dit le général Vinoy, pour les régiments composés de jeunes soldats qui venaient de se trouver pour la première fois en présence de l'ennemi, à certains découragements causés par la fatigue, à quelques désordres partiels à peu près inévitables; mais, en compensation, les deux vieux régiments, les 35e et 42e de ligne, qui avaient été placés l'un en tête et l'autre en queue de la colonne pour encadrer en quelque sorte la totalité et soutenir les premières attaques, furent par la sévérité de leur discipline et la régularité de leur marche, un puissant exemple et un heureux stimulant qui ne tardèrent pas à exercer, grâce au zèle et à l'énergie du corps d'officiers, une très salutaire influence sur tous les autres régiments. »

La colonne parvint à Lislet à six heures du soir ; le temps était redevenu très beau, et, grâce aux mesures que le commandant du 13ᵉ corps avait fait prendre à l'avance pour l'installation et les subsistances, elle établit ses campements entre Lislet et Montcornet dans les meilleures conditions possibles, car à cette époque l'armée française ne savait plus cantonner : elle avait laissé cette pratique à l'armée allemande.

L'état-major du 13ᵉ corps et les officiers généraux s'installèrent seuls à Moncornet.

L'étape avait donc duré seize heures après deux nuits sans sommeil; depuis Mézières, la distance parcourue était de soixante-quinze kilomètres environ.

« On ne décrit pas, dit l'auteur d'une brochure, parue en 1871, la fatigue et le désordre de telles troupes... on chercha un campement au bord d'un ruisseau, les meules de paille furent réquisitionnées, et, pour la première fois depuis le départ, on put prendre un peu de repos. »

La population s'empressa de porter au camp des vivres qui furent aussitôt distribués.

Dès son arrivée à Montcornet, le général Vinoy eut la certitude que ses communications étaient libres désormais, car il y trouva un adjudant de la garde nationale qui, envoyé sous un déguisement par le préfet de l'Aisne, parcourait la contrée à la recherche du 13ᵉ corps dont le Gouvernement était sans nouvelles depuis le 1ᵉʳ septembre : le soir même ce sous-officier regagnait Laon sans escorte.

Après avoir entendu quelques personnes arrivées

du dehors qui pouvaient apporter des renseignements utiles, il envoya un exprès au bureau télégraphique de Marle avec ce télégramme au général de Maud'huy : « Je suis à Montcornet avec 12,000 hommes. »

Le général Vinoy prend la résolution de marcher sur Marle.

Il était sans doute très important pour le commandant de la colonne française de savoir que la route de l'ouest était libre; mais il avait perdu de vue son adversaire depuis si peu de temps qu'il n'était pas encore complètement à l'abri d'une surprise possible, soit pendant la nuit, soit le lendemain, et, malgré la fatigue des troupes et la nécessité de les remettre en main le plus tôt possible, il ne pouvait être question de stationner à Montcornet.

Dans la soirée, en effet, parvinrent des nouvelles qui, bien qu'elles parussent contradictoires au premier abord et par suite erronées, étaient peu rassurantes pour la marche du lendemain.

On signalait d'abord la présence de l'ennemi à Rozoy-sur-Serre. C'était peu vraisemblable, à moins d'admettre que, ayant perdu la trace du 13e corps, et n'ayant rien fait pour le retrouver, il se fût dirigé sur Rozoy par la Hardoye et Rubigny avec l'idée arrêtée que la colonne en retraite devait y passer la nuit.

Sans doute, il faut envisager toutes les hypothèses à la guerre, mais il n'était pas permis de prêter une telle faute au commandant de la 12e division qui, avant d'arriver à Wadimont, aurait certainement dû savoir par sa cavalerie que l'ennemi avait quitté la grande route à Fraillicourt pour se diriger sur Montcornet.

Il n'était pas possible non plus de croire que les Prussiens, sachant les Français dans cette dernière ville, eussent gagné Rozoy uniquement pour y trouver des ressources et des avantages pour la nuit, au risque de manquer le but qu'ils poursuivaient depuis la veille avec tant de ténacité, puisqu'ils auraient ainsi augmenté à plaisir la distance à parcourir.

Il eût été puéril d'attribuer de telles pratiques à un adversaire qui avait fait preuve, depuis quelques années, et surtout depuis le commencement de la campagne, de tant de qualités maîtresses.

Du reste, rien n'était plus facile au général Vinoy que d'être renseigné sur la présence de l'ennemi à Rozoy, distant de Montcornet de huit kilomètres seulement ; il avait plus d'un moyen à sa disposition, et il pouvait être fixé sur ce point avant minuit.

On disait aussi le soir à Montcornet qu'une troupe ennemie, descendant l'Aisne, avait occupé dans la journée Neufchâtel, et atteint, à Guignicourt, la voie ferrée de Reims à Laon : c'était d'autant plus admissible pour le Général, qu'il était sans nouvelles des opérations depuis trois jours, et ce bruit était de nature à influencer ses projets.

Son plus vif désir était évidemment de gagner Laon le plus tôt possible, car, là seulement, il se croirait complètement hors de danger.

De Montcornet à cette place, on compte trente-trois kilomètres. La route passe par Clermont, Bucy-les-Pierrepont, atteint, à Chivres, les immenses marais de Liesse qui, orientés sud-est nord-ouest de Sissonne à Vesles, couvrent une bande de terrain de treize kilomètres sur une largeur moyenne de deux kilomètres. Elle forme ainsi un étroit défilé de quinze cents mètres à partir de Chivres, puis elle gagne Notre-Dame-de-Liesse et Gizy, traverse la forêt et le village de Samoussy, Athies, et rejoint à un kilomètre de Laon la route qui relie cette place à Reims.

La nouvelle de la présence de l'ennemi à Guignicourt fit abandonner au commandant du 13ᵉ corps l'idée de suivre cette route et d'atteindre Laon dans la journée du 4. Il craignait d'être devancé à Notre-Dame-de-Liesse qui, d'après lui, est moins éloignée de Guignicourt que de Montcornet, et il se décida, en conséquence, à gagner tout d'abord Marle dans cette journée du 4, et à se rabattre le 5 sur Laon.

Les appréhensions du général Vinoy, en admettant même la présence réelle d'un corps ennemi à Guignicourt, ne paraissent pas fondées; elles sont au moins très discutables.

De cette localité, ce corps présumé n'avait à sa disposition que le chemin qui passe par Prouvais, Amifontaine et le hameau de Ramécourt : de là, il pouvait, soit gagner un point de la route au nord-est des marais en passant par Sissonne, soit atteindre cette route à Notre-Dame-de-Liesse, soit la forêt de Samoussy en passant par Montaigu et Coucy-les-Eppes.

Dans le premier cas, il avait plus de chemin à faire que la colonne française pour arriver à un point quelconque entre Montcornet et Chivres. D'ailleurs, la route traverse, entre ces deux localités, un terrain absolument découvert qui ne pouvait prêter à aucune surprise de sa part, et les villages de Clermont et de

Bucy-les-Pierrepont constituent, par leur construction particulière, de véritables forteresses.

Notre-Dame-de-Liesse, où le général Vinoy craignait d'être devancé, n'est qu'à dix-neuf kilomètres de Montcornet, tandis qu'il en est à vingt-six de Guignicourt ; il pouvait donc espérer y arriver avant l'ennemi, et franchir sans encombre le défilé formé par les marais.

Enfin, les Allemands avaient environ vingt-cinq kilomètres à faire pour atteindre Coucy-les-Eppes, obligés qu'ils auraient été, à cause du mauvais état des chemins de terre, de passer par Mauregny-en-Haye, et, de là, il fallait encore une heure au moins pour gagner le village de Samoussy.

On peut se demander pourquoi le commandant du 13ᵉ corps ne chercha pas à se renseigner exactement à Laon, puisque par Marle, qui n'est qu'à dix-huit kilomètres de Montcornet, il lui était facile de se mettre en communication télégraphique avec la préfecture de l'Aisne. Il aurait pu savoir d'une façon certaine pendant la nuit si réellement l'ennemi avait déjà gagné Guignicourt.

D'ailleurs, que cette localité fût ou non en son pouvoir, que pouvait craindre de lui le 13ᵉ corps marchant directement sur Laon, place forte où se trouvait, outre les troupes de la défense, toute l'infanterie de la division Maud'huy ?

Le général Vinoy devait savoir dans la soirée du 3, par l'adjudant de la garde nationale rencontré à Montcornet, que cette division n'avait pas quitté la place. Elle pouvait donc, le lendemain matin, se porter au-devant de la division Blanchard, et occuper, sur la route de Laon à Sissonne, le saillant sud-est de la forêt de Samoussy. Il était possible, dans tous les cas, de lui envoyer cet ordre par le télégraphe.

En résumé, le 13ᵉ corps n'avait rien à craindre de l'ennemi jusqu'aux marais de Liesse et, à partir de ces marais, il aurait eu sur son flanc gauche une division qui l'aurait garanti contre toute tentative d'attaque.

Le général Vinoy, « décidé à n'accepter le combat qu'après avoir tout fait pour l'éviter », préféra donc continuer son mouvement de retraite dans la direction de l'ouest. Le peu de longueur de l'étape jusqu'à Marle, dix-huit kilomètres, les ressources qu'il pensait trouver dans cette localité pour ses troupes, la présence de la ligne ferrée, et surtout la possibilité de continuer la retraite sur la Fère, s'il ne pouvait gagner Laon, toutes ces raisons pesèrent beaucoup sur sa détermination.

La longueur de l'étape seule doit être prise en sérieuse considération, car celle de Montcornet à Laon compte trente-trois kilomètres. Cependant, si avec juste raison, on pouvait craindre que les troupes ne fussent pas capables d'un tel effort, on doit considérer qu'après une nuit tranquille, cette épreuve n'était pas impossible à des hommes qui venaient de franchir soixante-quinze kilomètres presque sans dormir et au milieu d'alertes continuelles.

Il faut ajouter que la route de Montcornet à Laon était bonne, et qu'une fois à Notre-Dame-de-Liesse, la colonne, se sentant à proximité d'une place forte et soutenue par des troupes amies, aurait sans doute puisé dans cette assurance et dans la certitude de toucher à la fin des fatigues et des dangers, la vigueur nécessaire pour soutenir cet effort.

On pouvait d'ailleurs, grâce aux mesures de sûreté prises, faire un long repos entre Notre-Dame-de-Liesse et Gizy, et achever l'étape en prenant toutes les dispositions voulues par l'état des troupes, afin d'arriver au but dans les meilleures conditions possibles.

La retraite sur Marle, au contraire, n'était pas sans danger.

En somme, le général Vinoy avait perdu de vue les Prussiens depuis le commencement de l'après-midi, mais il ne savait absolument rien de leurs projets, et il se pouvait que, trompés à Chaumont-Porcien, ils n'eussent pas renoncé à la poursuite.

Le bruit de leur arrivée à Rozoy, qui s'était répandu dans la soirée, pouvait être vrai malgré son peu de vraisemblance, et le Général était si loin de rejeter cette pensée qu'il écrit dans son ouvrage publié après la guerre : « Toutefois, comme il était fort probable que l'ennemi chercherait à nous poursuivre, la prudence nous imposait la nécessité et le devoir de reprendre notre marche dès le lendemain matin. »

En marchant sur Marle, il s'éloignait de l'appui qu'il était en droit d'attendre de Laon ; il prolongeait sa route ; il augmentait les fatigues de ses troupes, et il retardait la concentration de son corps d'armée qu'il devait cependant désirer.

Au cas où les Prussiens auraient continué leur poursuite, la route de Marle, complètement découverte depuis la montée qu'elle fait au sortir de Montcornet, n'eût présenté aucun point d'appui au 13ᵉ corps.

Cette route est, en outre, doublée parallèlement sur la rive droite de la Serre par un très bon chemin qui en est distant de deux à trois kilomètres seulement, et qui pouvait être employé utilement par l'ennemi qui y aurait été à couvert.

La route de Montcornet à Laon ne présentait pas les mêmes inconvénients ; elle est découverte sans doute, mais elle permettait de voir clair autour de soi et de s'appuyer sérieusement, en cas d'attaque, sur les villages de Clermont et de Bucy-les-Pierrepont qui dominent le terrain, et dont le tracé et la construction constituent une excellente fortification (1).

Il était naturel également d'espérer que, malgré la présence possible de forces prussiennes à Guignicourt, le général de Hoffmann serait plus circonspect dans sa poursuite sur Laon que sur Marle, car il pouvait craindre les troupes de cette place forte qui n'auraient pas manqué de se porter à la rencontre du général Vinoy.

Tout devait donc inciter celui-ci à gagner Laon dans la journée du 4.

Mais il apparaît clairement que la seule crainte d'avoir encore une fois sur son flanc l'ennemi qui pouvait être à Guignicourt, le détermina à allonger sa ligne de retraite une fois de plus, et à retarder la con-

---

(1) Ces villages ont la forme d'un carré dont le centre est un terre-plein, et dont les faces sont formées par des maisons de ferme formant une enceinte continue, Clermont en particulier ; les issues des maisons donnent dans l'intérieur du carré.

centration de ses forces. Peut-être craignait-il vraiment trop les seuls partis ennemis avec lesquels il pouvait avoir affaire.

Dispositions prises à la 12ᵉ division dans la soirée du 3 septembre.

Ainsi, malgré la ténacité avec laquelle le commandant de la 12ᵉ division avait poursuivi la ruine du 13ᵉ corps, celui-ci avait pu lui échapper, et tous ses efforts étaient venus échouer devant Chaumont-Porcien où il s'en était laissé imposer par quelques hommes.

Vers quatre heures du soir, alors que déjà les troupes prussiennes avaient pris leurs cantonnements, « un officier d'état-major, dit la relation allemande, était arrivé à Chaumont-Porcien, envoyé par le commandant du VIᵉ corps. Il renouvelait l'ordre de se replier vers le sud, en faisant observer qu'aucune considération ne saurait justifier un écart quelconque en dehors de cette direction, puisque, aux termes des instructions du commandant en chef, le corps d'armée devait se trouver réuni en entier sous Reims pour le 5 septembre. »

Cette fois l'ordre était ferme. Mais à cause de la latitude laissée par l'ordre du matin au général de Hoffmann, et de l'abus que ce dernier en avait fait, le VIᵉ corps n'était plus concentré et ne pouvait plus tenter une action contre Reims qu'occupait encore la division d'Exéa.

La 12ᵉ division était elle-même morcelée ; son chef fixa un rendez-vous sur l'Aisne pour le lendemain :

toutes les troupes entre Chaumont-Porcien et Wasigny, ainsi que celles qui, venant le matin de Rethel étaient restées à Novion-Porcien, reçurent l'ordre de se trouver rassemblées le 4 septembre à onze heures du matin à Château-Porcien pour reprendre ensuite leur marche vers la Suippe.

Les forces prussiennes qui avaient opéré contre le 13ᵉ corps étaient donc réparties de la façon suivante dans la nuit du 3 au 4 : la 11ᵉ division et l'artillerie de corps, moins deux batteries à cheval, à Juniville et à Bignicourt avec son avant-garde à Aussonce; la 5ᵉ division de cavalerie à Bergnicourt, à Neuflize et à Tagnon; la 6ᵉ à Attigny, et la 12ᵉ division avec les deux batteries à cheval de l'artillerie de corps disséminée entre Chaumont-Porcien et Novion-Porcien.

CHAPITRE X

Journées des 4, 5 et 6 septembre.

SOMMAIRE

Mouvement du 13ᵉ corps sur Marle } le 4 septembre.
Mouvements des Allemands
Journée du 5 septembre.
Journée du 6 septembre.

Mouvement du 13ᵉ corps sur Marle.

Le général Vinoy, fidèle à la pratique qui avait assuré en grande partie le salut de ses troupes, avait d'abord fixé le départ à quatre heures du matin. L'heure était matinale pour des hommes qui avaient tant besoin de repos, et qui étaient arrivés si tard au bivouac. Aussi changea-t-il d'avis pendant la soirée, et le départ fut retardé de deux heures; l'ordre en fut porté à deux heures et demie du matin au camp de Lislet par le maire de Montcornet lui-même.

Malgré ces deux heures de répit, le départ fut pénible, le plus pénible de cette dure retraite; il fallut tous les efforts des officiers pour mettre les unités sur pied et pour organiser la colonne.

A ne considérer que le récit du général Vinoy, on pourrait croire que, voulant éviter la traversée de Montcornet par des rues étroites, il dirigea à travers champs l'infanterie et l'artillerie de façon à leur faire rejoindre la route de Marle au haut des pentes qu'elle gravit dès sa sortie de la ville. Or, le camp étant établi sur la rive gauche de l'Hurtaut à côté de la sucrerie, elles n'avaient qu'à descendre la route de Reims pour s'engager sur celle de Marle.

Ces routes, bordées de maisons, sont très larges, et on n'avait pas à traverser Montcornet même qui est bâti presque entièrement sur la rive droite du ruisseau.

En réalité, l'artillerie seule passa à travers champs, afin de pouvoir défendre les approches de la ville en tenant les hauteurs, si l'ennemi se présentait par la vallée de l'Hurtaut ou par celle de la Serre.

Les derniers éléments de la colonne n'avaient pas encore quitté Montcornet, qu'un homme venu de Marle par le chemin qui longe la rive droite de la Serre, remettait au maire un télégramme à l'adresse du commandant du 13e corps. Le maire, montant aussitôt à cheval, rejoignit celui-ci à quelques kilomètres sur la route et lui remit ce télégramme.

Le général lui en fit connaître le contenu par un officier d'ordonnance, en lui recommandant de ne pas le divulguer : c'était le général de Maud'huy qui annonçait les résultats de la bataille de Sedan et la capitulation de l'armée de Châlons.

La colonne n'en eut pas connaissance; il était prudent, en effet, de ne pas la surexciter par ces désastreuses nouvelles, d'autant plus qu'on pouvait avoir à redouter des menaces de l'ennemi avant d'arriver à Marle.

La marche s'exécuta sans difficulté et sans incident. La route était belle et le temps magnifique;

les troupes, après les premiers kilomètres, avaient retrouvé l'entrain avec la vigueur.

Le premier soin du général Vinoy, après avoir établi son camp et envoyé des reconnaissances, fut de se mettre en relations avec Laon; il reçut aussitôt du général Maud'huy le télégramme suivant, daté de 9 h. 35 du matin : « Général Exéa m'informe qu'il a opéré sa retraite sur Soissons; dois-je, pour ne pas encombrer la voie ferrée, faire commencer le mouvement de retraite de ma division par chemin de fer? »

Le grand quartier général allemand était donc bien renseigné sur l'occupation de Reims par des forces importantes quand il prescrivait au VIe corps et aux 5e et 6e divisions de cavalerie de se porter sur cette ville.

On a cependant écrit, dans ces derniers temps encore, qu'elle avait été évacuée dès le 1er septembre, et que le 3 il n'y avait plus que des gardes nationaux; aussi en a-t-on conclu que le récit du grand état-major était erroné à dessein, afin de couvrir la faute qu'il a faite en laissant échapper le 13e corps.

La vérité est que la 1re division, après s'être bornée à faire des reconnaissances dans la direction de Réthel et du camp de Châlons, pendant les journées du 1er, du 2 et du 3 septembre, évacua Reims par voie ferrée, dès le 4 au matin, en apprenant le désastre de Sedan et la marche vers le sud de forces ennemies relativement considérables.

Le général d'Exéa paraît avoir opéré pour son compte et effectué sa retraite de son propre mouvement.

Pourquoi se retirait-il à Soissons? Il avait reçu pour mission de couvrir Paris, tout en maintenant libres les communications de l'armée de Châlons, et la première partie de cette mission subsistait seule après le désastre de Sedan.

Or, en se retirant sur Soissons, il laissait ouvertes les routes de Reims et de Châlons à Paris par la vallée de la Marne. Sans doute, il tenait celle qui y conduit par Soissons et Villers-Cotterets, mais celle-ci n'étant pas la plus courte n'avait pas la même importance que les autres, car il était certain que de Reims les armées allemandes devaient faire leur mouvement entre l'Aisne et la Marne. Elle était déjà, d'ailleurs, défendue par Soissons où la rejoint la route venant de Compiègne.

Aussi, pour rester dans son rôle, la 1re division du 13e corps devait-elle gagner la montagne de Reims et se retirer lentement par Ville-en-Tardenois sur Meaux devant l'ennemi qui, dès lors, n'allait plus rencontrer aucun obstacle pouvant sinon retarder, du moins rendre plus circonspecte sa marche dans la direction de la Seine.

Le soin de défendre la route de Reims et de Laon à Paris par Soissons, semblait incomber plutôt à la division de Maud'huy, s'il avait été dans les projets du gouvernement de faire battre en retraite ces deux divisions dès le 4 au matin.

Or, ce jour-là même, le Ministre de la guerre envoyait, à 9 h. 40 du matin, au général de Maud'huy, le télégramme suivant pour être remis dès qu'il serait possible au général Vinoy : « Savez-vous quelles sont les forces qui vous poursuivent? Avez-vous combattu? Voilà le général d'Exéa qui se dirige sur Soissons. Ne serait-il pas possible de faire front, et de bousculer la tête des colonnes de l'ennemi? »

C'est donc bien le général d'Exéa qui a battu en retraite de son propre mouvement sur Soissons. Mais puisqu'il laissait ouvertes les routes de la Marne et de l'Ourcq, pourquoi ne cherchait-il pas au moins à se réunir au général de Maud'huy, soit en allant vers lui, soit en l'appelant à Soissons?

En l'absence de nouvelles du commandant du 13e corps et de la division Blanchard, il semble que la première idée du commandement aurait dû être, en effet, de chercher à réunir la 1re et la 2e divisions qui, seules, tenaient encore la campagne. On était ainsi en mesure d'opposer une force sérieuse à l'ennemi dans sa marche sur Paris, tandis qu'isolées, elles ne pouvaient rien ou peu de chose, surtout la division de Maud'huy qui n'avait ni artillerie ni cavalerie.

Les avantages qu'offrait la voie ferrée pour se retirer, l'attraction qu'ont toujours exercée les places fortes sur les troupes de campagne placées dans les conditions où se trouvait la division d'Exéa, sont peut-être les raisons qui ont déterminé la ligne de retraite de cette division. Sans avoir vu l'ennemi, mais sur la simple menace de son approche, elle se retirait sous le canon d'une forteresse, à soixante kilomètres d'une ville qu'elle ne songeait même pas à disputer à l'ennemi, laissant ainsi le champ libre à ses coureurs pour s'élancer dans la direction de Paris.

Le général Vinoy ne donne pas dans son ouvrage le télégramme par lequel il se mit en relations, dès son arrivée à Marle, avec le général de Maud'huy ; peut-être y parlait-il de la retraite des 2ᵉ et 3ᵉ divisions. Ce qui est certain, c'est qu'il ignorait totalement les mouvements de l'ennemi, soit derrière lui, soit au sud dans la direction de Sissonne et de Laon.

Il savait une seule chose, c'est qu'il n'avait pas été inquiété depuis Chaumont-Porcien, et tout, dans le récit qu'il fait de ces événements, montre bien qu'il croyait à la présence des Allemands au nord de la voie ferrée de Reims à Laon.

Dans ces conditions, il est difficile d'admettre qu'il ait entretenu le général de Maud'huy d'une retraite immédiate de sa division, puisque dans le cas de la marche de l'ennemi sur Laon, ces forces pouvaient lui être d'un grand secours.

Aussi le télégramme adressé à Marle, à 9 h. 35 du matin, par le commandant de la 2ᵉ division, est-il bien fait pour surprendre. Jusque-là, en effet, il ne savait pas grand'chose de la situation de la division Blanchard et rien peut-être des projets de son Général en chef, et cependant, sa première demande concerne l'évacuation de Laon par chemin de fer.

Il semble que la retraite de la division d'Exéa sur Soissons l'ait impressionné et l'ait fait songer uniquement, lui aussi, à hâter sa retraite afin d'accélérer celle de la 3ᵉ division.

N'était-il pas plus rationnel, au contraire, de penser et de se tenir prêt à soutenir cette dernière qui n'était pas encore bien sûre d'avoir échappé à l'ennemi ? Dans tous les cas, que la poursuite dût continuer ou non, la réunion des forces du 13ᵉ corps, tout au moins des 2ᵉ et 3ᵉ divisions, sous le commandement de son chef, était absolument indiquée dans ces circonstances critiques, soit pour faire tête à l'ennemi, soit pour reculer lentement devant lui en retardant l'invasion.

Voilà ce qu'indiquait la situation, et ce n'était pas pour se conformer à des instructions du gouvernement que le général de Maud'huy songeait à faire sa retraite, puisqu'au moment même où il télégraphiait au général Vinoy le Gouvernement demandait à ce dernier « de faire front et de bousculer la tête des colonnes de l'ennemi ».

Les mouvements des Allemands n'imposaient pas d'ailleurs la retraite immédiate, et les troupes du 13e corps ne couraient aucun danger, sauf peut-être la division Blanchard qu'il importait, dans tous les cas, de ne pas abandonner à elle-même.

Si le général Vinoy avait cru devoir modifier son itinéraire de Montcornet à Laon à cause des bruits qui lui étaient parvenus, le général de Maud'huy ne pouvait avoir les mêmes craintes.

Il y avait en effet à Laon un préfet actif, énergique, M. Ferrand, qui « faisait de grands efforts pour être renseigné sur tous les événements dont son département était le théâtre ; il avait voulu connaître la marche de l'ennemi qui s'avançait toujours et le sort de l'armée française qui cherchait à lui échapper. Prenant courageusement l'initiative aux lieu et place de l'autorité militaire demeurée absolument inerte, il avait envoyé dans différentes directions des reconnaissances de gardes mobiles, tantôt déguisés, tantôt en armes, et il put ainsi, le premier, entrer en communications avec le 13e corps à Montcornet ».

Le général de Maud'huy pouvait donc savoir à quoi s'en tenir sur la marche des partis ou des colonnes ennemis, car le 5, continue le général Vinoy, « c'est par ce fonctionnaire d'une si énergique activité, que le Général en chef apprit que l'ennemi avait arrêté son mouvement de poursuite à Chaumont-Porcien, et que de là il avait regagné la vallée de l'Aisne ».

De Mézières à Marle, le 13e corps avait été absolument sans nouvelles des événements. Sur sa route, pas un renseignement du théâtre de la guerre ou de la capitale n'était parvenu aux troupes, car le général Vinoy avait tenu secret le télégramme du général de Maud'huy qui lui avait été remis après son départ de Montcornet.

A Marle, la situation lui fut confirmée par ce nouveau télégramme du commandant de la 2e division, daté de 10 h. 55 du matin : « Proclamation des Ministres dit : Armée Mac-Mahon a capitulé à Sedan. — L'Empereur est prisonnier. — On concentre des forces à Paris et sur la Loire. — Le général d'Exéa, qui est à Soissons, réclame des ordres de vous. »

Ces nouvelles, certaines et précises, frappèrent de stupeur officiers et soldats.

Les événements politiques survenus à Paris dans cette journée du 4 septembre, devaient avoir pour effet immédiat de changer le rôle dévolu au 13e corps depuis son départ pour la frontière. Dans la soirée, le général Vinoy recevait du nouveau Ministre de la guerre le télégramme suivant daté de 5 h. 20 du soir : « La révolution vient de s'accomplir dans Paris. Revenez avec votre corps d'armée vous mettre à la disposition du Gouvernement qui s'établit. »

A partir de ce moment, il ne s'agissait plus de tenir tête à l'invasion, mais de hâter le départ par la voie ferrée de tous les éléments du corps d'armée, en particulier des 2ᵉ et 3ᵉ divisions qui étaient sous la main du Général en chef.

Le soir même, celui-ci partait pour Laon, laissant au général Blanchard le commandement de la colonne qu'il devait amener le lendemain sous la place forte.

On ne voit pas que, dans cette journée du 4, le général Vinoy se soit préoccupé d'avoir des renseignements sur la marche de son adversaire, soit auprès du préfet de l'Aisne, soit auprès du général de Maud'huy. D'après son récit, il semble qu'il se soit borné à assurer le ravitaillement de ses troupes et l'évacuation par chemin de fer des éclopés, et, ce qui confirme cette manière de voir, c'est qu'en effet il n'apprit que le lendemain, 5 septembre, à Laon, les mouvements de l'ennemi dans la direction de Paris; ces renseignements lui furent donnés par le Préfet même.

Il est permis de s'en étonner. Sans doute, il se croyait hors de danger une fois parvenu à Marle puisque les Allemands n'avaient pas paru depuis la veille à midi, et, en effet, s'il se rendit le soir à Laon, c'est, dit-il, parce que la division Blanchard était en sûreté et l'ennemi assez éloigné pour qu'une attaque immédiate cessât d'être à redouter.

Mais que savait-il de ses mouvements sur l'Aisne et le long de la voie ferrée de Reims à Laon ? La veille au soir, le bruit seul de sa présence à Neufchâtel et à Guignicourt, avait suffi pour lui faire changer la direction de la retraite et pour retarder d'un jour l'arrivée de la colonne à Laon.

Si ce renseignement était exact, les Prussiens pouvaient menacer Laon et la division de Maud'huy, peut-être inquiéter la division Blanchard dans son mouvement du lendemain, et le général Vinoy ne semble pas s'être occupé de cette éventualité depuis son départ de Montcornet.

Non-seulement il ne fut au courant de leurs mouvements que le 5, mais il paraît même n'avoir repris le commandement des deux autres divisions de son corps d'armée qu'à partir du moment où il reçut l'ordre de le ramener sous Paris.

Or, une fois à Marle, et il y était arrivé entre neuf et dix heures du matin, il était en mesure, à cause de la proximité de Laon, vingt-cinq kilomètres en chemin de fer, de combiner les mouvements de toutes ses troupes, en particulier de s'opposer avec la division de Maud'huy à une marche trop rapide de l'ennemi sur Laon.

Mouvements des Allemands.

D'après les ordres du Prince royal, le VIe corps ne devait atteindre Reims que le 5 septembre, et sa marche avait été réglée en conséquence.

L'occupation de cette ville devait préparer la marche sur Paris, et couvrir sur le flanc gauche, dans la direction du sud, le déploiement des deux armées allemandes dont la capitale devenait l'objectif. Les renseignements recueillis par nos adversaires jusqu'au 4 au matin leur faisaient croire que les Français s'y trouvaient encore en nombre; d'ailleurs le VI⁰ corps ne pouvait être concentré que le 5, à cause de l'éloignement de la 12⁰ division.

Mais dans la matinée du 4, une patrouille du 8⁰ dragons avait pénétré dans Reims, et, malgré les coups de feu et les menaces « d'une foule furieuse », elle avait pu se rendre compte de l'évacuation de la ville par la division d'Exéa. Cette patrouille avait été bientôt suivie d'un escadron du 11⁰ hussards qui, d'après la relation allemande, s'était fait remettre les clefs de la ville.

En présence de ces nouveaux renseignements et des faits accomplis, le général de Tümpling changea immédiatement ses dispositions, et porta le jour même la 11⁰ division sur Reims où elle entrait à trois heures et demie, pendant que la 5⁰ division de cavalerie s'arrêtait à Bazancourt, et que son avant-garde s'avançait par Pomacle, servant ainsi de lien entre les deux fractions du VI⁰ corps.

D'après le grand état-major allemand, la 11⁰ division, trouvant dans les populations rurales une surexcitation croissante et une attitude hostile, aurait eu à disperser à coups de canon des rassemblements de paysans armés à hauteur de Lavannes et des petits partis d'infanterie qui cherchaient à arrêter son avant-garde. On ne voit pas bien quels étaient ces partis d'infanterie, puisque la division d'Exéa se dirigeait à ce moment sur Soissons, à moins qu'il ne s'agisse de gardes nationaux.

A Reims, le général de Tümpling put se rendre compte de la ferme résolution de la France de continuer la lutte, car au coin des rues s'étalait la proclamation lancée la veille au pays par le conseil des Ministres en annonçant le sort de l'armée de Châlons :

« Ce cruel revers, disait-elle, n'ébranle pas notre courage. Votre patriotisme, votre union, votre énergie sauveront la France. Le Gouvernement, d'accord avec les pouvoirs publics, prend toutes les mesures que comporte la gravité des événements. Paris est aujourd'hui en état de défense. Les forces militaires du pays s'organisent; dans peu de jours, une nouvelle armée sera sous les murs de la capitale; une autre armée se forme sur les rives de la Loire. »

A 11 heures du matin, conformément aux ordres du général de Hoffmann, la majeure partie de la 12e division se trouvait réunie au sud de Château-Porcien et continuait sa route jusqu'à Warmériville, à quelques kilomètres au sud-est de Bazancourt, où cantonnait le gros de la 5e division de cavalerie, pendant que la fraction de Novion-Porcien gagnait Heutrégiville plus au sud-est encore. Le 4 au soir, la 12e division était donc tout entière sur la Suippe à une distance moyenne de Reims de dix-sept kilomètres.

La 6e division de cavalerie, qui avait passé la nuit du 3 au 4 à Attigny, avait reçu le 4 septembre l'ordre d'abandonner la direction de Reims et de se porter sur Laon, en avant du front de marche de l'armée de la Meuse; le 4 au soir, elle était concentrée autour de Château-Porcien.

Journée du 5 septembre.

Le général Blanchard avait le commandement de la colonne qui, ce jour-là encore, ne devait marcher sur Laon qu'en faisant un détour.

Dans la nuit du 4 au 5, en effet, le bruit s'était répandu du côté de Marle qu'un petit parti de cavalerie ennemie s'était montré du côté de Sissonne, et cette rumeur avait mis le camp en alerte. Aussi le général Blanchard avait-il fixé le départ de la colonne à quatre heures du matin, et « afin, dit le général Vinoy, de mieux tromper l'ennemi sur sa direction, elle fit route d'abord du côté de Crécy, comme si elle se rendait à la Fère. »

Ces faits montrent à quel point d'impressionnabilité on était arrivé dans la colonne française. Sissonne est à vingt-cinq kilomètres de Marle, et cependant le simple bruit de la présence de trente cavaliers ennemis dans cette localité avait suffi pour tenir en alerte 12.000 hommes appuyés par l'artillerie de tout un corps d'armée!

On ne s'explique guère comment le général Blanchard espérait tromper l'ennemi en passant par Crécy. Le chemin de Marle à ce village suit en effet la rive droite de la Serre jusqu'à Mortiers, et n'est distant que de deux ou trois kilomètres de la grande route de Laon. Il est vrai que la colonne mettait ainsi la rivière entre elle et l'ennemi.

D'ailleurs, cette grande route traverse un pays découvert que domine Laon, et la colonne devait y être constamment en vue de la forteresse ; que craignait-elle, surtout avec l'appui que pouvait lui prêter la division de Maud'huy? Il eût fallu un ennemi bien osé pour hasarder une attaque sérieuse dans de telles conditions.

C'était pousser vraiment trop loin la crainte d'apercevoir l'ennemi, et il fallait que le commandement eût bien peu de confiance en lui-même et dans les troupes ; cette prudence exagérée n'était pas faite pour leur inspirer le sentiment de leur force et de leur valeur.

Quoiqu'en dise le général Vinoy, la cavalerie ennemie ne paraît pas avoir traversé Sissonne à une heure du matin dans la nuit du 4 au 5 septembre ; ce renseignement n'avait pas plus de valeur que celui, très accrédité dans le 13° corps, qu'elle était arrivée la veille à Guignicourt.

La 6° division prussienne avait cantonné du 4 au 5 à Château-Porcien et aux environs. Le 5, elle était restée stationnaire et avait lancé dans la direction de Laon une partie du 16° hussards dont les patrouilles se heurtèrent à Eppes, à quarante-cinq kilomètres de Château-Porcien, à quelques reconnaissances d'infanterie française sorties de Laon.

Ces patrouilles apprirent que de nombreuses forces étaient campées autour de la place, et leurs renseignements parvinrent dans la journée même au commandant de la 6° division.

Le même jour, le VI° corps tout entier et la 5° division de cavalerie se réunissaient à Reims ; mais cette dernière appuyait aussitôt vers Neufchâtel pour rallier de nouveau l'armée de la Meuse en exécution d'un ordre émané du grand quartier général.

La division Blanchard ne vit naturellement pas l'ennemi; « arrivée à Crécy, elle put gagner Laon sans encombre; elle vint camper au bas de la ville, où elle releva près de la gare les troupes de la division de Maud'huy. »

Le 5 septembre, la plus grande partie du 13ᵉ corps était donc concentrée. Les divisions de Maud'huy et Blanchard se trouvaient à Laon avec l'artillerie et les services administratifs; la division d'Exéa était à Soissons.

« Le 13ᵉ corps avait échappé, dit le général Vinoy, non sans courir de graves périls, à la pressante poursuite de l'ennemi; il pouvait apporter à la défense de Paris, à laquelle l'appelait le nouveau Gouvernement, le concours de ses forces si heureusement demeurées intactes. »

La division de Maud'huy était en effet embarquée dès le matin du 5, et ses derniers éléments enlevés dans la nuit du 5 au 6; le général Vinoy fit partir avec elle les services administratifs, le génie et le parc d'artillerie de réserve, après avoir fait distribuer des cartouches à la division Blanchard.

Comme la gare de Laon ne se prêtait pas à l'embarquement de toutes les batteries, le commandant du 13ᵉ corps en forma une colonne particulière qui dut se rendre à Paris par voie de terre en passant par la Fère, Noyon, Pont-Saint-Maxence et Luzarches. On lui adjoignit le 6ᵉ régiment de hussards.

Cette colonne, après une grand'halte de plusieurs

heures à Laon, partit le jour même pour la Fère où elle arriva le 5 au soir.

La division Blanchard, sans artillerie, resta donc seule à Laon dans la nuit du 5 au 6.

Journée du 6 septembre.

Elle ne put s'y embarquer, car le 6 au matin la compagnie du Nord, retirant son matériel devant les progrès de l'ennemi, évacua la gare de cette ville. Ces troupes, qui avaient déjà supporté tant de fatigues, durent faire encore les vingt-sept kilomètres qui séparent Laon de Tergnier, où le général Vinoy les avait précédées pour préparer l'embarquement.

La division Blanchard était tout entière à Paris dans la nuit du 6 au 7.

Quant à la division d'Exéa, elle gagna Paris en grande partie par voie de terre en passant par Villers-Cotterets et Livry; le 8 septembre, elle était réunie aux deux autres divisions.

A la suite des renseignements recueillis le 5 par le 16e hussards dans sa pointe jusqu'à Eppes, le commandant de la 6e division de cavalerie avait détaché, le lendemain 6, un parti du 15e uhlans dans la direction de Laon pour avoir des détails plus complets et plus précis sur la garnison de cette place.

La tête de ce parti, forte de trente hommes, parvint jusqu'à la ville sans être inquiétée, et, profitant de l'effarement général, pénétra audacieusement dans l'enceinte. Accueillis à coups de fusil pendant que des habitants cherchaient à fermer les portes de la ville, les uhlans parvinrent à se faire jour en laissant quelques cavaliers blessés ou pris, et à rejoindre leur détachement.

Mais les renseignements qu'ils rapportèrent à la suite de cette équipée aventureuse étaient précieux ; ils signalaient de grands transports de troupes dans la direction de Paris, et fixèrent le commandement sur la nature et la composition de la garnison de la place forte.

Pendant ces deux jours, la 6e division était toujours au repos à Château-Porcien, liée à la marche de l'armée de la Meuse qui s'avançait derrière elle dans la direction de Paris, et qu'elle devait précéder d'une journée de marche seulement.

Sans doute elle ne restait pas tout à fait inactive en faisant faire des reconnaissances dans la direction de Laon; mais ces reconnaissances, poussant jusqu'à plusieurs journées de marche de Château-Porcien, n'allaient-elles pas trop loin ? Il est certain que les résultats que l'on pouvait en attendre étaient hors de proportion avec l'espace parcouru et les fatigues imposées, puisque le gros de la division ne pouvait en profiter immédiatement.

Le 7, elle se portait à Saint-Quentin, à trente kilomètres environ à l'est de Laon, et son chef, le duc de Mecklembourg, envoyait un parlementaire sommer la place de se rendre. Le général Thérémin, qui la commandait, demanda vingt-quatre heures pour réfléchir, car la population ne voulait pas que l'on défendît la ville.

Le 8 septembre, la 15e brigade de cavalerie poussait jusqu'à Athies, à quatre kilomètres de Laon, avec une batterie à cheval, et la sommation fut renouvelée. Le commandant de la place sollicita un nouveau délai de vingt-quatre heures pour demander des instructions à Paris.

Le Maire, par une étrange confusion de pouvoirs dans une place de guerre, adressa au Ministre de la guerre un télégramme lui annonçant que la place était entourée par l'armée du duc de Mecklembourg, et qu'elle était menacée du sort de Strasbourg. Le Ministre répondit en laissant libre le Général d'agir selon les circonstances.

« Ce dernier n'en demandait pas plus ; d'accord avec le Préfet, il rédigea aussitôt un projet de capitulation qu'un parlementaire alla porter le lendemain au quartier général de la 6e division. »

Pendant ce temps, le 4e bataillon de chasseurs avait été transporté par voitures à Eppes, et une autre batterie à cheval avait été dirigée sur Saint-Quentin, de sorte que le 9 septembre, la 6e division ainsi renforcée se trouvait groupée à Eppes dans la matinée.

C'est à ce moment qu'arriva la demande de reddition de la place que les Allemands ne tardèrent pas à occuper ; à peine en avaient-ils pris possession que la citadelle sautait, ensevelissant sous ses décombres, avec de nombreuses victimes françaises et allemandes, l'auteur de cet héroïque acte de folie, le garde d'artillerie Henriot.

CONCLUSION

La retraite du 13ᵉ corps de Mézières à Laon est un des faits les plus mémorables de la campagne franco-allemande, autant par les renseignements que suggère son étude que par les résultats qui en furent la conséquence pour la défense de Paris dont ce corps forma le noyau.

Les événements montrèrent, en effet, qu'il était de la plus grande importance pour les Allemands de lui faire mettre bas les armes, ou tout au moins de s'emparer de son artillerie. Ils le pouvaient facilement, malgré les habiles dispositions du général Vinoy pour leur échapper, car la colonne française se trouvait dans une position si hasardée dans la journée du 2, que rien ne pouvait la sauver contre les entreprises d'un adversaire résolu et éclairé.

Celui-ci fit, en effet, de nombreuses fautes de nature différente.

Tout d'abord les 5ᵉ et 6ᵉ divisions de cavalerie ne remplirent pas leur rôle. Sans doute elles entourèrent le 13ᵉ corps d'éclaireurs qui renseignèrent le commandement sur sa force et sur ses mouvements; mais ce n'était pas suffisant.

Si elles employèrent quelques escadrons à se service, que fit donc le gros de ces divisions ? Pas un effort sérieux contre un ennemi qui ne cherchait qu'à éviter le combat, et dont la cavalerie était absolument insuffisante pour maintenir en respect la cavalerie adverse.

La 6ᵉ division fut inactive, et le simulacre de combat de Saulces-aux-Bois découragea promptement la 5ᵉ.

Quels résultats cependant n'eussent-elles pas atteints si, appuyées par leur artillerie, elles avaient harcelé la colonne soit en lui barrant la route, soit en s'élevant sur ses flancs pour la forcer à s'arrêter, à prendre des dispositions de combat et surtout pour y jeter, sur tous les points de son développement, le trouble et la confusion ?

Mais la plus grande responsabilité semble incomber au général de Tümpling, commandant le VIᵉ corps, qui ne sut pas prendre une décision ferme. On est vraiment tenté de croire qu'il ne voulut pas attaquer le général Vinoy, alors qu'il avait entre les mains tous les éléments d'un succès facile.

On a dit, pour l'excuser, qu'il avait une mission particulière, que son corps d'armée devait marcher sur Reims à la possession de laquelle le grand état-major allemand tenait avant tout. Or, dans la journée du 2, il n'avait pas encore reçu cet ordre. Détaché en arrière et sur le flanc gauche des armées allemandes, il avait à prendre toutes les dispositions nécessaires pour assurer la protection de ce flanc pendant la marche des armées sur Sedan.

Comme le grand quartier général ignorait absolument la retraite du 13ᵉ corps, il était dans le rôle du général de Tümpling de prendre, le 2 au soir, toutes ses dispositions pour attaquer le général Vinoy dont il connaissait à ce moment les forces et les intentions.

Les cantonnements qu'il fit prendre à la 11ᵉ division et à l'artillerie de corps, montrent assez qu'il n'eut pas d'intention sérieuse contre la colonne française.

Celle-ci était d'ailleurs si près de lui que malgré l'ordre de marcher sur Reims, parvenu dans la nuit du 2 au 3, il pouvait bien, sans y contrevenir, prendre ses dispositions pour l'envelopper; il n'aurait éprouvé de ce fait qu'un retard de quelques heures utilement employées.

La situation demandait donc de sa part une initiative qui lui fit défaut; mais il ne sut pas prendre sous sa responsabilité la décision que commandaient les circonstances. Cela apparaît clairement par l'ordre qu'il donna, le 3 au matin, au général de Hoffmann; ce n'était qu'une demi-mesure dont le résultat le plus clair fut la dispersion des éléments du VIe corps pendant quarante-huit heures.

Quant au commandant de la 12e division, on ne peut lui reprocher que des fautes de manœuvre.

Il eut le tort d'avoir des idées trop arrêtées sur ce que devait faire l'adversaire; il n'envisagea pas suffisamment les diverses hypothèses qui devaient se présenter à son esprit, d'où un plan d'action qui ne répondait qu'à un des côtés de la situation; en conséquence, il n'utilisa pas comme il convenait le terrain et les voies de communication.

Il y eut donc, du côté des Allemands, manque d'initiative et de volonté dans le commandement, manque d'entente dans l'opération à conduire, et des erreurs d'appréciation de la situation, grâce auxquelles ils ont laissé échapper un adversaire qui devait infailliblement tomber entre leurs mains.

L'examen de l'ensemble des dispositions prises par nos adversaires contre le 13ᵉ corps a prouvé jusqu'à l'évidence qu'ils ignoraient sa présence à Mézières pendant les journées du 31 août et du 1ᵉʳ septembre. Cette appréciation s'est trouvée confirmée après coup dans la relation de cette partie de la campagne par un officier de l'état-major de la IIIᵉ armée; selon lui, on crut avoir affaire pendant ces deux journées à des unités faisant partie de la garnison de Mézières.

« Le commandement supérieur de la IIIᵉ armée, dit-il, n'avait encore, au moment actuel, aucune nouvelle sur la formation et les mouvements du corps Vinoy, sur lequel la situation 4 donnait peu de renseignements. »

Il y a lieu de remarquer à ce sujet que la relation du grand état-major, écrite plusieurs années après la guerre, n'avoue pas que le service des renseignements a été en défaut à ce sujet; l'étude des faits seuls peut le faire deviner.

La présence à Mézières d'une partie du 13ᵉ corps avec toute son artillerie pouvait donc singulièrement gêner le mouvement enveloppant des Vᵉ et XIᵉ corps prussiens, d'autant plus que nos adversaires ignoraient, pour ainsi dire, son existence. L'apparition propice de ces forces sur les hauteurs de la rive gauche de la Meuse, du côté de Flize, les aurait rendus plus circonspects, et aurait peut-être suffi à empêcher l'aile gauche de la IIIᵉ armée de se rabattre aussi complètement qu'elle l'a fait jusqu'à la frontière belge.

On est d'autant plus en droit d'avoir cette opinion que, dans les armées allemandes, le commandement, sous la simple appréhension d'un mouvement de l'armée de Châlons vers Mézières, fut inquiet pendant toute la matinée du 1er septembre, au sujet de la réussite des opérations de cette aile gauche.

Mais surtout, de quel secours, moral tout au moins, le 13e corps n'eût-il pas été pour le général Ducrot qui commença effectivement ce mouvement ?

Il paraît bien évident que l'inaction du général Vinoy à Mézières lui a été dictée par le désir de ne rien entreprendre avant la concentration des 2e et 3e divisions du 13e corps. Cependant ce n'est pas la raison qu'il en donne, puisque pour se défendre de ce reproche, il allègue sa mission particulière et les instructions du Ministre de la guerre emportées de Paris.

Cette situation peut être rapprochée de celle du maréchal de Mac-Mahon qui alla au désastre entrevu, conduit, lui aussi, par des instructions, sinon des ordres dictés de Paris.

Il est superflu d'insister sur une organisation pareille du commandement, car c'est la négation même du commandement; entendu de cette façon, il ne pouvait que conduire aux pires résultats, et les événements l'ont prouvé.

Cependant, quelques raisons que l'on puisse invoquer pour motiver la manière de faire du général Vinoy, on ne pourra jamais s'empêcher de reconnaître que tout d'abord les instructions du Ministre ne répondaient plus en aucune façon à la situation ni de de l'armée de Châlons, ni du 13e corps, et que le Général devait être le premier à en être persuadé; qu'ensuite ces instructions le mettant implicitement sous les ordres du maréchal de Mac-Mahon, il était indiqué qu'en l'absence d'ordres de ce dernier, il marchât au canon dans la direction de Sedan.

« C'est au chef seul qu'il appartient de discerner et d'ordonner les mesures à prendre en raison des circonstances », dit notre dernier règlement sur le service des armées en campagne. Le simple bon sens, à défaut d'autres considérations, l'a toujours demandé, et si l'initiative peut quelquefois produire des inconvénients, elle n'en reste pas moins la source des plus féconds résultats.

Or, jusqu'au moment de la retraite du 13e corps, le général Vinoy a manqué d'initiative.

En prenant la route de Rethel, le commandant du 13e corps était allé, sans raison apparente du moins, au devant de difficultés qu'il pouvait éviter en dirigeant sa retraite immédiatement vers l'ouest.

Ces difficultés, il les a surmontées grâce à son énergie, à son activité et aux mesures de détail qu'il sut prendre dans la conduite de troupes jeunes et si faciles à démoraliser : marches de nuit pour gagner de l'avance, ruse de guerre pour tromper l'ennemi à Novion-Porcien, décisions rapides pour lui échapper quand il va être étreint par lui, tels sont les éléments d'appréciation des qualités de l'homme de guerre que le général Vinoy montra dans ces circonstances critiques.

Mais ce qui domine dans le jugement à porter sur cette opération, ce sont les qualités de caractère dont il fit preuve, qualités maîtresses à la guerre sans lesquelles les plus habiles dispositions échouent. Il eut la volonté tenace qui prévient et arrête les défaillances, et pas un instant il ne perdit la confiance qu'il sut entretenir dans ses troupes.

« Dans la conduite du général Vinoy, dit von Witzleben, se trouve de nouveau la leçon qu'il ne faut pas désespérer avant que le dernier doute ait cessé d'être possible. L'homme intrépide trouve parfois un chemin là où l'homme pusillanime croit qu'il n'y a pas moyen d'échapper au malheur. L'exposition des événements des 2 et 3 septembre nous semble un chef-d'œuvre achevé, et sera d'autant plus reconnu comme tel que l'histoire, qui l'écrira plus tard sera en position de donner plus d'éclaircissements ultérieurs sur ce qui s'est passé. »

Cette retraite est, en effet, un modèle du genre; mais elle offre surtout un exemple frappant des qualités de décision et de caractère qu'exige le commandement en campagne pour atteindre le but poursuivi.

On ne saurait trop méditer cet exemple.

TABLE DES MATIÈRES

CHAPITRE Ier

	Pages
Organisation du 13e corps	7
Rôle assigné au 13e corps	9
Situation de l'armée de Châlons au moment de la mise en mouvement du 13e corps	12
Du choix de Mézières pour le rôle donné au 13e corps	16

CHAPITRE II

Mézières dans les derniers jours du mois d'août	20
Mouvement du 13e corps de Paris sur Mézières	25
Situation de l'armée de Châlons le 29 et le 30 août	29

CHAPITRE III
JOURNÉE DU 31 AOUT

Mesures prises par le général Vinoy dès son arrivée à Mézières	35
Opportunité de ces mesures	36
Mission du capitaine de Sesmaisons	42
Objet des reconnaissances envoyées au sud de Mézières	46
Reconnaissance sur Poix	48
Reconnaissance sur Flize	53

CHAPITRE IV

Situation du 13e corps le 31 août au soir et pendant la nuit du 31 août au 1er septembre	60

CHAPITRE V
JOURNÉE DU 1er SEPTEMBRE

Mouvements de l'aile gauche de la IIIe armée allemande	67
Mouvements de la division wurtembergeoise	70
Dispositions prises par le général Vinoy	73
La division wurtembergeoise se porte à Donchery	81
Attaque de la brigade Guilhem par les Wurtembergeois	85
Après la retraite du général Guilhem	92

CHAPITRE VI
JOURNÉE DU 1er SEPTEMBRE (suite)

Le général Vinoy prend la résolution de battre en retraite	94

	Pages
Situation des forces allemandes le 1er septembre au soir........	100
Discussion sur le choix de la ligne de retraite.................	102
Organisation de la colonne...................................	108

CHAPITRE VII
JOURNÉE DU 2 SEPTEMBRE

Départ du 13e corps de Mézières.............................	115
Prise du contact avec les Allemands.........................	118
Halte du 13e corps à Launois................................	120
Mouvements de la 6e division de cavalerie allemande..........	122
Reprise de la marche du 13e corps............................	125
Opérations de la 5e division de cavalerie allemande.............	127
Opérations du VIe corps.....................................	133
Le 13e corps dans l'après-midi et dans la soirée du 2 septembre...	137
Discussion sur les mouvements du VIe corps dans la journée du 2 septembre..	141

CHAPITRE VIII
JOURNÉE DU 3 SEPTEMBRE

Mouvement du 13e corps sur Chaumont-Porcien.................	149
Discussion sur le choix de la ligne de retraite à partir de Novion-Porcien...	151
De Novion-Porcien à Chaumont-Porcien.......................	156
Mouvements des corps allemands le 3 septembre au matin.....	159
Mouvement de la 12e division. — Discussion sur l'opportunité de ce mouvement..	161

CHAPITRE IX
JOURNÉE DU 3 SEPTEMBRE (suite)

Le général Vinoy se voit forcé de gagner Seraincourt...........	174
Départ du 13e corps de Chaumont-Porcien.....................	178
Attaque de Chaumont-Porcien par la 12e division...............	181
Suite de la retraite du 13e corps dans la journée du 3 septembre.	186
Le général Vinoy prend la résolution de marcher sur Marle.....	189
Dispositions prises à la 12e division dans la soirée du 3 septembre..	196

CHAPITRE X
JOURNÉES DES 4, 5 ET 6 SEPTEMBRE

Mouvement du 13e corps sur Marle... } le 4 septembre..... 198		207
Mouvements des Allemands.......... }		210
Journée du 5 septembre.....................................		213
Journée du 6 septembre.....................................		216
CONCLUSION...		

Paris et Limoges. — Imp. milit. Henri CHARLES-LAVAUZELLE.

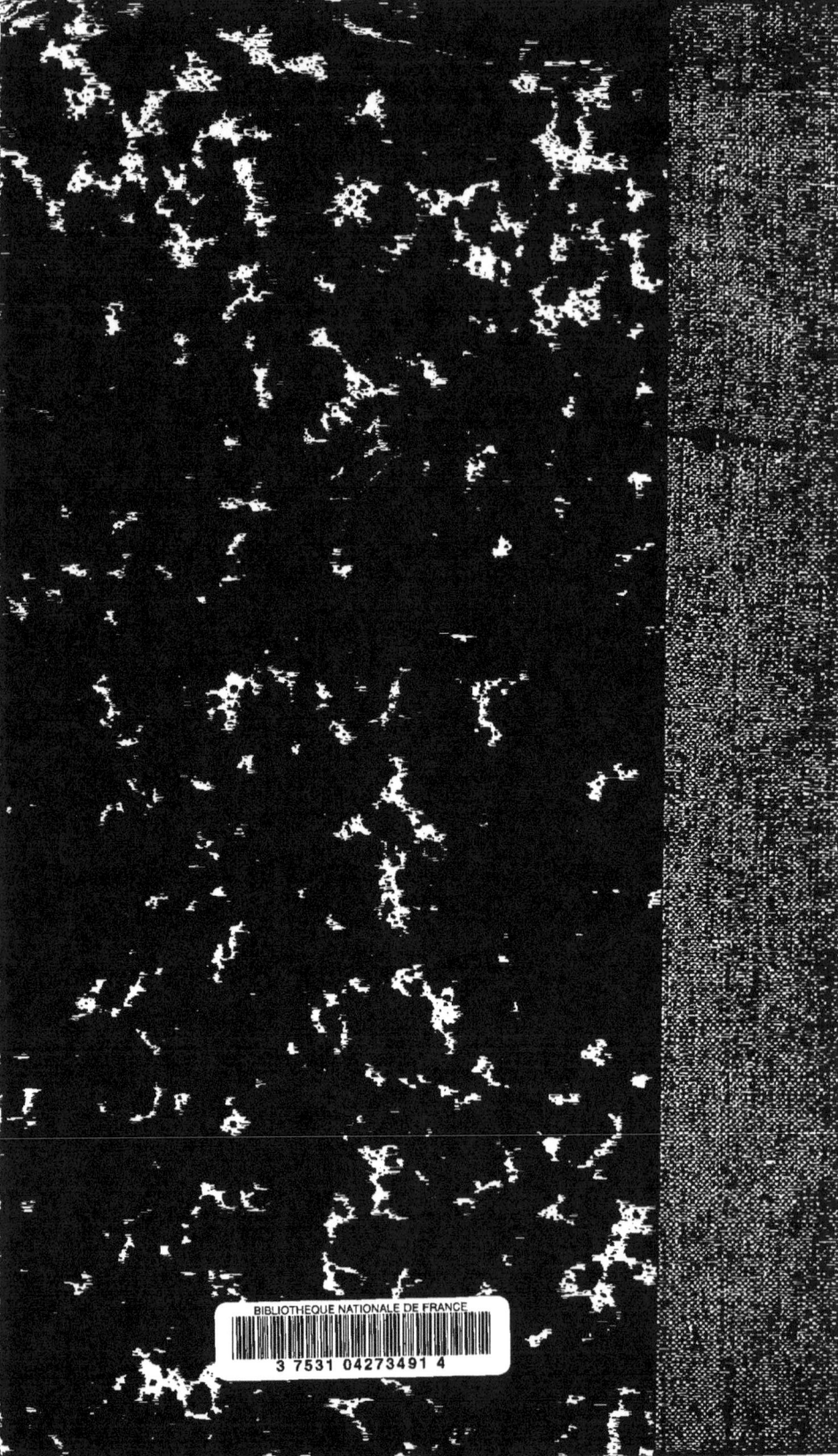

www.ingramcontent.com/pod-product-compliance
Lightning Source LLC
Chambersburg PA
CBHW071935160426
43198CB00011B/1414